Fernanda Fernandes Rodrigues
César Augusto Tibúrcio Silva

Fundamentos básicos de
CONTABILIDADE

Av. Paulista, 901, Edifício CYK, 3º andar
Bela Vista – SP – CEP 01310-100

SAC Dúvidas referentes a conteúdo editorial, material de apoio e reclamações: sac.sets@somoseducacao.com.br

Direção executiva	Flávia Alves Bravin
Direção editorial	Renata Pascual Müller
Gerência editorial	Rita de Cássia S. Puoço
Coordenação editorial	Fernando Alves
Edição	Ana Laura Valerio
	Neto Bach
	Thiago Fraga
Produção editorial	Daniela Nogueira Secondo
Preparação	Elaine Fares
Revisão	Beatriz Simões
Diagramação	Caio Cardoso
Capa	Tiago Dela Rosa
Imagem de capa	©iStock/Getty Images Plus/KangeStudio
Impressão e acabamento	Gráfica Paym

DADOS INTERNACIONAIS DE CATALOGAÇÃO NA PUBLICAÇÃO (CIP)
ANGÉLICA ILACQUA CRB-8/7057

Silva, César Augusto Tibúrcio
  Fundamentos básicos de contabilidade / César Augusto Tibúrcio Silva ; Fernanda Fernandes Rodrigues. – São Paulo : Saraiva Educação, 2021.
  200 p.

  Bibliografia
  ISBN 978-85-7144-119-4 (impresso)

  1. Contabilidade. I. Título. II. Rodrigues, Fernanda Fernandes.

20-0351

CDD 657
CDU 657

Índice para catálogo sistemático:
1. Contabilidade

Copyright © Fernanda Fernandes Rodrigues, César Augusto Tibúrcio Silva
2021 Saraiva Educação
Todos os direitos reservados.

1ª edição

Nenhuma parte desta publicação poderá ser reproduzida por qualquer meio ou forma sem a prévia autorização da Saraiva Educação. A violação dos direitos autorais é crime estabelecido na Lei n. 9.610/98 e punido pelo art. 184 do Código Penal.

| COD. OBRA | 703337 | CL | 651913 | CAE | 728307 |

À Elisa, minha estrelinha que ainda nem havia nascido, mas já me dava a motivação e o ânimo necessários para concluir este livro. A mamãe espera que esta obra inspire você a ler bastante e amar livros! Amo você!

FERNANDA

Para Gabriel e Mariana, onde busco a inspiração diária de sabedoria.

CÉSAR

SOBRE OS AUTORES

CÉSAR AUGUSTO TIBÚRCIO SILVA
é doutor em Contabilidade pela Faculdade de Economia, Administração e Ciências Contábeis da Universidade de São Paulo (FEA-USP). É professor titular da Universidade de Brasília (UnB) e autor e coautor de diversos livros e artigos nas áreas de contabilidade e finanças.

FERNANDA FERNANDES RODRIGUES
é doutora em Contabilidade pelo Programa Multi-institucional e Interregional de Pós-Graduação em Ciências Contábeis da Universidade de Brasília (UnB), Universidade Federal da Paraíba (UFPB) e Universidade Federal do Rio Grande do Norte (UFRN). É professora da Universidade Federal de Goiás (UFG) e coautora de livros de contabilidade financeira.

APRESENTAÇÃO

Este livro foi pensado para que professores possam utilizá-lo em cursos introdutórios de contabilidade. Também foi pensado para estudantes autodidatas. Se você comprou o livro e pretende estudar sozinho, acreditamos que terá sucesso na sua empreitada.

Além de linguagem mais simples e menos técnica, sem deixar de lado os conceitos que são importantes, nesta obra você encontrará os seguintes recursos didáticos, que foram criados com o objetivo de potencializar ao máximo o seu aprendizado:

ANTES DE COMEÇAR

Em cada capítulo, apresentamos uma contextualização inicial, ou seja, contamos uma "historinha" para introduzir o leitor ao ambiente contábil.

OBJETIVOS DESTE CAPÍTULO

Apresentamos quais são os quatro objetivos do capítulo, ou seja, todos os assuntos que serão estudados. Ao final do capítulo, é feito um resgate desses tópicos, com uma breve revisão.

CONECTANDO TEORIA E PRÁTICA

O objetivo neste tópico é mostrar de que forma um conceito, uma definição ou assunto contábil é apresentado na prática, no cotidiano ou como é aplicado nas empresas.

PAUSA PARA REVISAR

Este tópico apresenta questões para que você reflita sobre o que aprendeu até o momento. Caso haja dificuldade para respondê-las, recomendamos que volte algumas páginas e releia o conteúdo que ainda não está bem fixado na memória.

APRESENTAÇÃO VII

REVISANDO OS OBJETIVOS
Ao final, resgatamos os quatro objetivos do capítulo, apresentados no início, e fazemos um breve resumo para que você relembre o que aprendeu. Neste momento, você deve refletir se aprendeu o conteúdo e já pode seguir adiante ou se deve retornar e estudar novamente aquele objetivo.

CONSTRUINDO SEU DICIONÁRIO
Apresentamos aqui a definição dos principais termos do capítulo e uma lacuna. O objetivo dessa atividade é que você tente responder qual seria o conceito que está oculto. A ideia é ajudá-lo a construir seu próprio dicionário.

QUESTÕES DE REVISÃO
Aqui são apresentadas questões de múltipla escolha em que você vai revisar toda a teoria que aprendeu no capítulo.

EXERCÍCIOS
Fechamos o capítulo com exercícios que requerem um pouco mais de tempo, que dão mais trabalho, exigem cálculos. O uso de uma calculadora ou de planilhas do Excel pode ser necessário.

RESPOSTAS
Fez todas as questões de revisão? E todos os exercícios? Acertou tudo? Ao final da obra, apresentamos um gabarito de todas as questões e exercícios trabalhados. Assim, você poderá mensurar como está o seu nível de conhecimento.

PALAVRA DOS ALUNOS

Grande parte dos capítulos deste livro já foi estudada por uma turma de alunos do curso de Zootecnia da Universidade Federal de Goiás (UFG). Em um pedido de avaliação do livro às cegas, sem necessitar identificação, pedimos que os discentes fizessem comentários, críticas e sugestões. Transcrevemos aqui a exata opinião que alguns deles escreveram:

> O livro possui linguagem simplificada e de fácil compreensão. É muito útil ao aprendizado dos alunos.

> O livro apresenta o conteúdo de contabilidade com bastante clareza, e ainda auxilia o leitor a relembrar o conteúdo e os conceitos apresentados.

> Gostei do livro, porque acho que os capítulos são diretos e bem explicativos. E a questão de ter um "dicionário de palavras contábeis" no final ajuda ainda mais a revisar o conteúdo. As atividades no meio do livro ajudaram muito.

> Acredito que o livro é bastante claro sobre o assunto, com linguagem simplificada. De fácil aprendizado.

> O livro é bom, bem desenvolvido, boas explicações e exemplos para representar na prática a teoria abordada. Uma linguagem prática, simplificada.

Somente após essa dinâmica, é que pedimos para que os autores desses trechos se identificassem e informamos que seus depoimentos seriam utilizados na apresentação do o livro. Agradecemos a esses dedicados discentes pelos elogios generosos que expressaram sobre nosso trabalho.

Esperamos que você, leitor, assim como esses alunos, também tenha ao final de seus estudos uma boa opinião sobre a nossa obra.

SUMÁRIO

CAPÍTULO 1

O QUE É CONTABILIDADE E QUAL O SEU OBJETIVO?, 1

Objetivos deste capítulo, 1
Antes de começar..., 1
Introdução, 2
1.1 O que é contabilidade?, 2
1.2 Usuários e uso da informação contábil, 4
1.3 O patrimônio, 6
1.4 O profissional contábil, 9
Revisando os objetivos, 10
Construindo seu dicionário, 11
Questões de revisão, 13
Exercícios, 14

CAPÍTULO 2

POR QUE A INFORMAÇÃO DEVE SER COMPREENSÍVEL?, 17

Objetivos deste capítulo, 17
Antes de começar..., 17
Introdução, 18
2.1 Aspectos da contabilidade moderna, 18
    2.1.1 Convergência, 18
    2.1.2 Automação, 19
    2.1.3 Complexidade das transações, 20
2.2 Responsáveis pela normatização contábil, 21
    2.2.1 International Accounting Standards Board (IASB), 21
    2.2.2 Comitê de Pronunciamentos Contábeis (CPC), 21
    2.2.3 Comissão de Valores Mobiliários (CVM), 21
    2.2.4 Conselho Federal de Contabilidade (CFC), 21
2.3 Entidades, 22
    2.3.1 Pessoa física e pessoa jurídica, 22
    2.3.2 Primeiro, segundo e terceiro setor, 23
    2.3.3 Tipos de empresa, 23

XII FUNDAMENTOS BÁSICOS DE CONTABILIDADE

2.4 Características da informação contábil, 24

    2.4.1 Características fundamentais, 24

    2.4.2 Características de melhoria, 26

    2.4.3 Restrição do custo, 27

Revisando os objetivos, 27

Construindo seu dicionário, 28

Questões de revisão, 46

Exercícios, 30

CAPÍTULO 3

MÉTODO DAS PARTIDAS DOBRADAS, 33

Objetivos deste capítulo, 33

Antes de começar..., 33

Introdução, 34

3.1 O que são fatos contábeis?, 34

3.2 Livros contábeis, 36

    3.2.1 Livro caixa, 36

    3.2.2 Livro diário, 36

    3.2.3 Livro razão, 37

3.3 Funcionamento das contas, 38

3.4 Fatos contábeis, 40

3.5 Plano de contas, 43

3.6 Método das partidas dobradas, 44

3.7 Processo de registro contábil, 46

    3.7.1 Balancete de Verificação, 52

    3.7.2 Erros no reconhecimento dos eventos, 53

Revisando os objetivos, 54

Construindo seu dicionário, 55

Questões de revisão, 56

Exercícios, 57

CAPÍTULO 4

QUANDO A EMPRESA APRESENTA LUCRO?, 61

Objetivos deste capítulo, 61

Antes de começar..., 61

Introdução, 62

4.1 Contas de receitas e despesas, 62

4.2 Regimes de contabilização, 63

4.3 Ajuste contábil, 67

    4.3.1 Tipos de ajustes, 68

    4.3.2 Resumo dos ajustes, 74

4.4 Apuração do resultado do exercício, 74

Revisando os objetivos, 76

Construindo seu dicionário, 77

Questões de revisão, 78

Exercícios, 80

CAPÍTULO 5

COMO CONTROLAR OS ESTOQUES?, 83

Objetivos deste capítulo, 83

Antes de começar..., 83

Introdução, 84

5.1 Inventário de estoques, 85

    5.1.1 Inventário periódico, 85

    5.1.2 Inventário permanente, 86

5.2 Compras e vendas de estoques, 87

    5.2.1 Contabilização com o inventário permanente, 88

    5.2.2 Contabilização com inventário periódico, 95

5.3 Métodos de controle de estoque, 100

    5.3.1 Preço específico, 100

    5.3.2 Primeiro a entrar, primeiro a sair (PEPS), 101

    5.3.3 Último a entrar, primeiro a sair (UEPS), 101

    5.3.4 Média, 101

    5.3.5 Comparando os três critérios de inventário, 101

5.4 Como analisar o balanço patrimonial?, 102

Revisando os objetivos, 104

Construindo seu dicionário, 105

Questões de revisão, 106

Exercícios, 108

CAPÍTULO 6

COMO O USUÁRIO VÊ O RESULTADO?, 111

Objetivos deste capítulo, 111

Antes de começar..., 111

Introdução, 112

6.1 Apresentando o resultado, 113

6.2 Demonstração do resultado do exercício (DRE), 114

6.3 Os resultados de uma empresa, 117

    6.3.1 Resultado bruto, 119

    6.3.2 Lucro (ou prejuízo) antes do resultado financeiro, 119

    6.3.3 Lucro (ou prejuízo) antes dos tributos sobre o lucro e das participações, 121

    6.3.4 Lucro (ou prejuízo) líquido, 121

6.4 Destinando o resultado, 125

Revisando os objetivos, 128

Construindo seu dicionário, 128

Questões de revisão, 129

Exercícios, 131

CAPÍTULO 7

COMO O USUÁRIO EXTERNO VÊ O BALANÇO PATRIMONIAL?, 133

Objetivos deste capítulo, 133

Antes de começar..., 133

Introdução, 134

7.1 Utilidade do balanço patrimonial, 134

7.2 Ativo, passivo e patrimônio líquido, 138

7.3 Circulante e não circulante, 140

7.4 Elaboração do balanço patrimonial, 143

Revisando os objetivos, 144

Construindo seu dicionário, 144

Questões de revisão, 146

Exercícios, 147

CAPÍTULO 8

OUTRAS INFORMAÇÕES A QUE O USUÁRIO EXTERNO TEM ACESSO, 149

Objetivos deste capítulo, 149

Antes de começar..., 149

Introdução, 150

8.1 Demonstração das mutações do patrimônio líquido, 150

8.2 Demonstração dos fluxos de caixa, 151

8.3 Demonstração do valor adicionado, 156

8.4 Relatórios contábeis complementares, 157

Revisando os objetivos, 159

Construindo seu dicionário, 159

Questões de revisão, 160

Exercícios, 161

CAPÍTULO 9

COMO ANALISAR AS DEMONSTRAÇÕES CONTÁBEIS?, 163

Objetivos deste capítulo, 163

Antes de começar..., 163

Introdução, 164

9.1 Informações necessárias para a análise, 164

9.2 Análise horizontal, 166

9.3 Análise vertical, 167
9.4 Indicadores de análise, 168
    9.4.1 Indicadores operacionais, 168
    9.4.2 Indicadores de caixa, 169
    9.4.3 Indicadores de retorno, 169
    9.4.4 Indicadores de endividamento, 170
    9.4.5 Indicadores de viabilidade, 171
Revisando os objetivos, 171
Construindo seu dicionário, 172
Questões de revisão, 174
Exercícios, 175

RESPOSTAS, 177

REFERÊNCIAS, 183

CAPÍTULO 1

O QUE É CONTABILIDADE E QUAL O SEU OBJETIVO?

OBJETIVOS DESTE CAPÍTULO

1. Definir o conceito de contabilidade.
2. Mostrar quem são os usuários da informação contábil.
3. Apresentar o objeto de estudo da contabilidade.
4. Identificar em quais áreas um profissional contábil poder atuar.

ANTES DE COMEÇAR...

No final dos anos 1920, Al Capone era o símbolo do criminoso nos Estados Unidos. Ele era o responsável por diversos crimes, incluindo assassinato e contrabando. As várias tentativas feitas para capturá-lo fracassaram. Em 1928, um funcionário do imposto de renda, Frank Wilson, foi destacado para investigar os negócios de Al Capone. Durante meses, Wilson obteve dados financeiros do criminoso e concluiu que Capone não pagava o imposto de renda conforme determinava a lei. Usando técnicas contábeis, Frank Wilson foi capaz de ter todas as informações sobre as finanças de Al Capone. Com base nisto, em 1932, Al Capone foi enviado para a cadeia, com 33 anos de idade.

A história de Al Capone mostra como a contabilidade é capaz de ajudar a justiça. No caso do famoso chefe da máfia, em que as investigações policiais falharam, a informação contábil possibilitou êxito na atuação da justiça. Por meio das informações coletadas, Frank Wilson pode provar um crime menor de Al Capone, mas suficiente para tirar de circulação uns dos criminosos mais perigosos daquela época.

Ao longo deste livro, nós mostraremos como a contabilidade pode ser útil às pessoas e à sociedade. Vamos indicar como a contabilidade pode fazer um retrato bastante fiel da realidade, por meio da análise e do registro dos eventos. O exemplo de Al Capone é um dos inúmeros que temos para demonstrar a relevância do conteúdo que você conhecerá a partir de agora.

INTRODUÇÃO

O administrador de uma empresa necessita saber quantas unidades de determinado produto ele vai produzir. Um gerente bancário precisa saber se o indivíduo teria capacidade de pagamento ao conceder um empréstimo. Ao comprar suas ações, um investidor precisa saber quais são as empresas que mais geram lucros. Até mesmo os funcionários buscam trabalho em empresas que apresentam possibilidade de crescimento.

É possível conseguir essas informações graças à contabilidade. Por meio da utilização de uma metodologia própria para registros, os eventos contábeis são reconhecidos e, ao final de determinado período, as informações geradas são capazes de auxiliar os interessados na tomada de decisão.

O objetivo deste capítulo é introduzir o leitor no mundo das informações contábeis e reduzir o medo que muitas pessoas sentem ao ouvir o termo **contabilidade**. Nossa tarefa aqui é desmistificar as principais dificuldades, tornando seu aprendizado mais simples, fácil e até mesmo prazeroso. Além disso, vamos mostrar como a contabilidade pode ser utilizada no processo decisório. Mostraremos também qual é o objeto da contabilidade e quem são os usuários da informação contábil. Finalmente, apresentamos as possibilidades profissionais que um contador tem para atuar no mercado.

1.1 O QUE É CONTABILIDADE?

Da forma mais resumida possível, a contabilidade é a ciência que estuda as variações do **patrimônio** das entidades. Ela trata da análise, registro e controle do patrimônio. Mas o que significa patrimônio? Suponha que você queira verificar se uma pessoa ficou mais rica de um ano para outro. A resposta seria obtida medindo todos os **recursos econômicos** (bens e direitos), subtraindo as **dívidas** e comparando no

> **OBJETIVO ❶**
>
> **Definir o conceito de contabilidade.**

tempo escolhido (um ano, um mês, uma semana etc.). Vamos ver como isso funciona por meio de um exemplo:

João Henrique, no dia 5 de janeiro de 20XX, tem um saldo na caderneta de poupança de R$ 20.000 e um veículo que vale R$ 13.000. Suas dívidas são: R$ 1.500 do aluguel, R$ 150 de conta de energia e R$ 3.000 do cartão de crédito. Pedro, seu irmão, pegou R$ 5.000 emprestados com João Henrique, que será pago até o final do ano. Qual seria o patrimônio do João Henrique no início desse ano? A soma dos seus recursos econômicos, ou seja, bens (a poupança e o veículo) e direitos (o empréstimo do irmão) é igual a R$ 38.000 (R$ 20.000 + R$ 13.000 + R$ 5.000). A esse valor, subtraímos o total das dívidas que ele terá de pagar (R$ 1.500 + R$ 150 + R$ 3.000 = R$ 4.650). A diferença (R$ 38.000 – R$ 4.650) mostra que "sobram" R$ 33.350 a João Henrique. Essa é, portanto, a sua situação líquida no início do ano.

Com base nesse exemplo, destacamos os seguintes termos: o conjunto de recursos econômicos que João Henrique possui e que totalizou R$ 38.000 chamamos de **ativo**. A definição mais objetiva de ativo é: *recursos capazes de gerar riqueza futura* ao João Henrique. *As obrigações que ele adquiriu no passado e que no futuro provocarão saída de caixa*, em virtude dos pagamentos, são denominadas **passivo**. No exemplo, elas totalizaram R$ 4.650. A "sobra" de recursos é chamada de **patrimônio líquido**. Portanto, *o patrimônio líquido é obtido pela diferença entre o ativo e o passivo*.

CONECTANDO TEORIA E PRÁTICA

A definição dos termos contábeis é algo importante. Uma definição muito ampla pode incluir muita coisa como ativo, passivo ou patrimônio líquido na contabilidade de uma empresa. Uma definição muito limitada ou restrita já poderia excluir demais o que é importante. Assim, as entidades e os pensadores contábeis dedicam muito tempo procurando uma boa definição dos termos. O que apresentamos aqui é uma forma bastante aproximada desta definição em uma linguagem mais simples.

As pessoas e as empresas precisam ser informadas regularmente da sua posição patrimonial. Para isto, é necessário manter um constante e atualizado controle das operações que afetam o seu patrimônio. Uma pessoa física, como no caso do João Henrique, faz controles contábeis por meio da sua folha de pagamento, conferindo seu extrato bancário, verificando sua fatura do cartão de crédito etc.

No caso de uma empresa, como são muitas as operações, a necessidade de informação é ainda maior. Considere um supermercado do seu bairro. Ao parar em uma fila, veja quantos consumidores, assim como você, estão aguardando para passar seus produtos no caixa (*quantidade de vendas sendo realizadas*). Além disso, observe a quantidade e diversidade de produtos que estão sendo adquiridas (*controle de estoque*) e verifique quantos caixas estão atendendo (*folha de pagamento dos funcionários*). Perceba, portanto, o quanto de informações contábeis esse supermercado está gerando em um pequeno intervalo de tempo.

Neste sentido, a **contabilidade** pode ser definida como um processo de identificar, registrar, mensurar, classificar, sumarizar, interpretar e comunicar a informação financeira. A contabilidade revela o desempenho de uma entidade, ou seja, seu valor e seus ativos, passivos e patrimônio líquido.

Não são apenas os proprietários das empresas os únicos interessados em saber dos seus negócios. Existem outras pessoas que também desejam saber sobre as empresas. Essas pessoas são denominadas **usuários da informação contábil**.

1.2 USUÁRIOS E USO DA INFORMAÇÃO CONTÁBIL

Os usuários da contabilidade são separados em dois grandes grupos. Os **usuários internos** são aqueles que trabalham dentro da empresa. Eles possuem uma quantidade maior de informações. O segundo grupo é o dos **usuários externos**. Eles necessitam que as empresas divulguem um mínimo de informações para que possam tomar suas decisões.

> **OBJETIVO** ❷
>
> Mostrar quem são os usuários da informação contábil.

Como usuários internos, temos os proprietários, os administradores e os funcionários, que têm maior nível de acesso às informações contábeis. Algumas informações são fornecidas somente para os usuários internos, por exemplo, o custo de cada um dos seus produtos, a filial que está dando maior retorno e as decisões de investimentos que serão tomadas para os próximos anos. O ramo da contabilidade que atende a estes usuários é a **contabilidade gerencial**. Nós não vamos estudá-la, mas existem diversas obras que tratam deste assunto.

Figura 1.1 Usuários internos e suas questões

Fonte: elaborada pela autora.

Os usuários externos, por sua vez, são aqueles que estão fora das empresas. É o caso dos fornecedores, clientes, governo, instituições financeiras, investidores e do público em geral. Eles dependem das informações que são divulgadas pelas empresas, seja em seus *sites*, em jornais de grande circulação ou mesmo por meio de notícias de imprensa. Portanto, usuários externos dependem de terceiros para ter acesso ao que ocorre nas empresas. O ramo da contabilidade que atende a estes usuários é a **contabilidade financeira**.

A contabilidade financeira procura oferecer a todos os usuários externos a mesma informação contábil. Esses usuários desejam saber se a empresa está muito endividada, se terá caixa para liquidar suas dívidas ou se será capaz de pagar dividendos. Perceba que são diversos usuários externos com diferentes interesses. Como seria extremamente complexa a tarefa de atender a todos os interesses, definiu-se um conjunto de informações que devem

CAPÍTULO 1 | **O QUE É CONTABILIDADE E QUAL O SEU OBJETIVO?** 5

ser elaboradas e divulgadas pelas empresas de **forma obrigatória**. A esse conjunto de informações chamamos de **demonstrações e relatórios contábeis**. Para que as informações pudessem ser comparadas, procurou-se padronizar estas demonstrações. Assim, será possível saber qual empresa está gerando mais lucro, qual está com maior dificuldade financeira etc.

Vamos apresentar aqui algumas das informações que cada tipo de usuário externo deseja saber de uma empresa:

- Os **fornecedores** estão interessados na capacidade de pagamento das empresas em liquidar as suas dívidas.

- Os **clientes** querem saber se as empresas apresentam algum risco de falência. Isto é importante quando fazem negócios de longo prazo. É o caso daqueles que compram veículos que deixam de ser fabricados e depois não há peças para reposição ou aqueles que compram apartamentos na planta.

- O **governo** está interessado na capacidade de geração de lucro das empresas e na possibilidade de arrecadação tributária. No âmbito federal, é o caso da Secretaria da Receita Federal; nos estados e municípios, das Secretarias da Fazenda. O governo também pode estar interessado na contabilidade para regular um setor.

- As **instituições financeiras** usam a contabilidade quando vão fazer empréstimos ou financiamentos. Buscam informações para verificar a capacidade que as empresas terão de pagamento. A decisão de conceder empréstimo, renovar ou aplicar uma taxa de juros será baseada nessa análise.

- Os **investidores** querem saber quais são as perspectivas futuras quanto à geração de lucro das empresas e qual a política de distribuição de dividendos adotada.

Figura 1.2 Usuários externos e suas questões

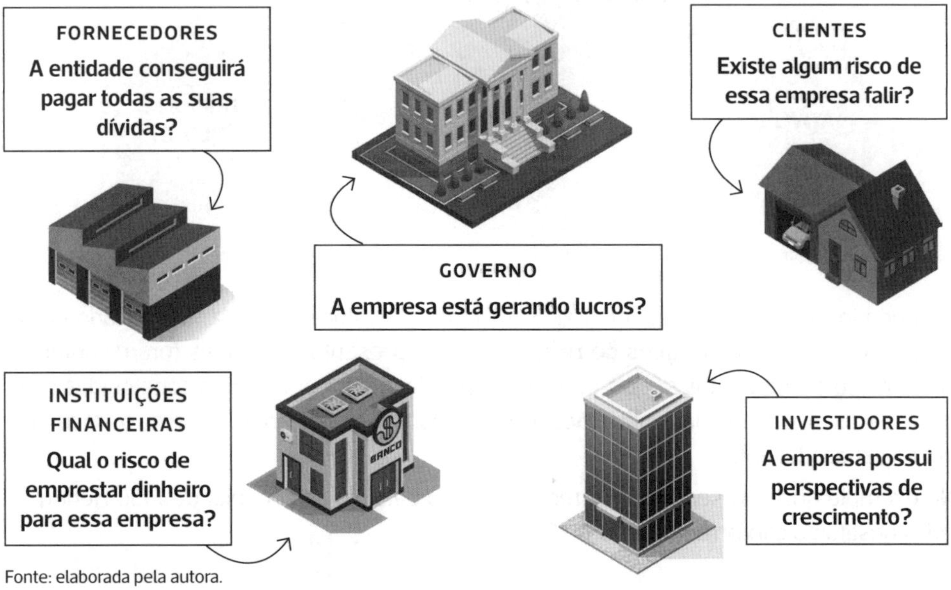

FORNECEDORES
A entidade conseguirá pagar todas as suas dívidas?

CLIENTES
Existe algum risco de essa empresa falir?

GOVERNO
A empresa está gerando lucros?

INSTITUIÇÕES FINANCEIRAS
Qual o risco de emprestar dinheiro para essa empresa?

INVESTIDORES
A empresa possui perspectivas de crescimento?

© iStock/ Getty Images Plus/ VikiVector, Ievgenii Volyk, OstapenkoOlena, Davidcreacion, Mellun

Fonte: elaborada pela autora.

Apesar de haver um conjunto de informações que as empresas apresentam aos usuários externos por imposição legal ou por regras de órgãos normatizadores, elas também podem (e são incentivadas até) a divulgarem **informações voluntárias**.

PAUSA PARA REVISAR

1. O que é contabilidade e qual sua função?
2. O que são ativos, passivos e patrimônio líquido?
3. Como estão divididos os usuários da informação contábil? Dê exemplos de cada grupo.

1.3 O PATRIMÔNIO

Como vimos antes, a contabilidade busca verificar qual é a posição patrimonial de uma pessoa ou empresa. Nesse sentido, o seu objeto de estudo é o **patrimônio** e suas variações ao longo do tempo. A forma utilizada pela contabilidade para apresentar essa posição patrimonial é denominada **balanço patrimonial**.

OBJETIVO ❸
Apresentar o objeto de estudo da contabilidade.

O balanço patrimonial é constituído pelos ativos, passivos e patrimônio líquido de uma entidade. Essa posição pode ser apresentada por meio da seguinte **equação contábil básica**.

Figura 1.3 Equação contábil básica

Fonte: elaborada pela autora.

A denominação **balanço** visa mostrar a igualdade de valores, ou seja, o equilíbrio entre os dois lados: o lado das **origens de recursos**, que representa como eles foram captados (se foi um aporte feito pelos sócios, patrimônio líquido, ou por obrigações constituídas com terceiro, passivo), e o lado das **aplicações de recursos**, que mostra de que forma os recursos foram investidos (ativo).

No exemplo que apresentamos anteriormente, o balanço patrimonial de João Henrique estaria constituído conforme o Quadro 1.1:

CAPÍTULO 1 | O QUE É CONTABILIDADE E QUAL O SEU OBJETIVO?

Quadro 1.1 Balanço patrimonial de João Henrique

BALANÇO PATRIMONIAL			
Ativo		**Passivo e Patrimônio Líquido**	
Aplicação – Poupança	20.000		
Empréstimo Concedido	5.000	Contas a Pagar	4.650
Veículos	13.000	Capital Social	33.350
Total do Ativo	**38.000**	**Total do Passivo + PL**	**38.000**

Na prática, esse é o modelo mais comum apresentado pelas empresas e, de certa forma, o "modelo ideal", pois mostra que a entidade tem ativos suficientes para pagar suas obrigações e ainda sobra a parcela dos proprietários. Entretanto, podemos ter outros tipos de configurações do balanço. Veja as situações apresentadas a seguir, da empresa BGS Ltda., que presta serviços de limpeza:

1ª SITUAÇÃO: PASSIVO = 0

Nesse caso, os ativos são iguais ao patrimônio líquido. A BGS Ltda. ainda não apresenta dívidas com terceiros a pagar. Essa situação é comum no momento em que as empresas são criadas, quando seu capital é integralizado (os sócios entregam seus bens) à empresa. O Quadro 1.2 mostra como fica o balanço patrimonial nessa situação:

Quadro 1.2 Balanço patrimonial da BGS Ltda. sem obrigações com terceiros

BALANÇO PATRIMONIAL	
Ativo	**Patrimônio Líquido**

2ª SITUAÇÃO: ATIVO = PASSIVO + PATRIMÔNIO LÍQUIDO

Como dissemos anteriormente, essa posição é a mais comum (normal) entre as empresas, pois demonstra uma situação contábil líquida positiva. Aqui a BGS Ltda. já está em atividade e possui ativos suficientes para pagamento das suas obrigações, com sobra de recursos aos proprietários. O balanço patrimonial, nesse caso, é apresentado conforme o Quadro 1.3:

Quadro 1.3 Balanço patrimonial da BGS Ltda. com recursos de terceiros e dos sócios

BALANÇO PATRIMONIAL	
Ativo	**Passivo**
	Patrimônio Líquido

3ª SITUAÇÃO: PATRIMÔNIO LÍQUIDO = 0

Quando o patrimônio líquido é igual a zero significa que há um problema sério de endivida-mento, na medida em que todos os recursos da BGS Ltda. serão utilizados para liquidar suas dívidas e nada sobrará aos sócios (situação líquida é nula). Assim como a primeira, é uma situação rara de ocorrer. Esse caso é representado conforme o Quadro 1.4 a seguir:

Quadro 1.4 Balanço patrimonial da BGS Ltda. sem recursos próprios

BALANÇO PATRIMONIAL	
Ativo	Passivo

4ª SITUAÇÃO: PASSIVO > ATIVO

Quando as dívidas da BGS Ltda. superam a quantidade de recursos, ou seja, a sua capaci-dade de pagá-las, ela entra em uma situação ainda mais complicada. Nesse caso, mesmo se desfazendo de todos os ativos, a parcela que pertenceria aos sócios deverá ser também utilizada para pagar as dívidas adquiridas. Das situações apresentadas, esta é a segunda mais comum. O Quadro 1.5 mostra essa posição de patrimônio líquido negativo, também denominada de **passivo a descoberto**.

Quadro 1.5 Balanço patrimonial da BGS Ltda. com "passivo a descoberto"

BALANÇO PATRIMONIAL	
Ativo	Passivo
Patrimônio líquido	

5ª SITUAÇÃO: ATIVO = 0

Finalmente, o último caso é quando a BGS Ltda. não possui mais ativos, ou seja, possui ape-nas dívidas. Nessa situação, a empresa já não teria mais condições de continuidade, ou seja, estaria completamente falida. Essa posição patrimonial é apresentada conforme o Quadro 1.6:

Quadro 1.6 Balanço Patrimonial da BGS Ltda.com apenas dívidas

BALANÇO PATRIMONIAL	
Patrimônio líquido	Passivo

As situações apresentadas no primeiro, terceiro e quinto exemplos são situações mais "teóricas" do que práticas.

PAUSA PARA REVISAR

1. Qual o objeto de estudo da contabilidade?
2. Escreva a equação contábil básica e explique o que ela significa.
3. Explique o que é um balanço que apresenta "passivo a descoberto".

1.4 O PROFISSIONAL CONTÁBIL

As atividades contábeis são desempenhadas pelo **contabilista**, sendo que no mercado de trabalho chamamos de contabilista os dois tipos de profissionais: o **técnico em contabilidade** e o **contador**. A primeira diferença entre eles consiste na formação.

OBJETIVO ④
Identificar em quais áreas um profissional contábil pode atuar.

O técnico em contabilidade faz um curso de menor duração, cujo foco está mais voltado à prática contábil. Ainda existem no Brasil algumas instituições que ministram cursos técnicos. Os técnicos em contabilidade, a partir do Decreto-Lei n. 9.295/1946, com alteração dada pela Lei n. 12.249/2010 e pela Resolução CFC n. 1.486/2015, não podem mais obter registro no Conselho Federal de Contabilidade (CFC). Em razão da legislação, o técnico em contabilidade tende a desaparecer com o tempo.

Por sua vez, o contador é aquele que fez o curso universitário, tem diploma de bacharel em cursos de duração média de quatro anos. Sua formação, em geral, inclui também conhecimentos teóricos, além de noções sobre a prática contábil.

Para exercer a profissão de contador, é necessário ter um registro no CFC. Esse registro só é feito mediante a aprovação em uma avaliação, denominada Exame de Suficiência. Essa prova é aplicada pelos Conselhos Regionais de Contabilidade. Tem o objetivo de verificar e validar os conhecimentos adquiridos pelos bacharéis, antes de exercerem a prática profissional.

O mercado de trabalho para o contador, em geral, é bastante amplo e com muitas oportunidades. É possível atuar em áreas como:

- **Contabilidade financeira:** como contador, assessor ou consultor de empresas. Todas as entidades necessitam de um contador para realizar os registros contábeis em livros próprios. Pode atuar internamente, como um funcionário, ou por meio de um escritório de contabilidade. Dentro da contabilidade financeira, é ainda possível atuar com:
  - **Auditoria:** procura verificar se existem problemas na contabilidade. Pode ser interna, com funcionários da própria empresa, ou externa. A auditoria externa é contratada para atestar a veracidade dos registros contábeis. Isto é obrigatório para as sociedades anônimas e para as limitadas de grande porte.

- □ **Perícia:** peritos são designados por juízes para verificar se há fraudes, desvios ou mesmo inconsistências contábeis no âmbito de processos judiciais.
- □ **Tributária:** nessa área, os contadores fazem planejamento tributário, identificando quais são as formas legais para reduzir o pagamento de impostos. Não se trata, portanto, de sonegação de tributos, mas de buscar possíveis alternativas dentro da própria legislação para reduzir a carga tributária.

- ■ **Contabilidade gerencial:** na contabilidade gerencial, podemos ter as seguintes atuações:
  - □ **Custos:** nessa área, os profissionais apuram os custos das empresas tanto para auxiliar na formação de preços de venda como para controlá-los, com o objetivo de maximizar os resultados das empresas.
  - □ **Controladoria:** os profissionais têm foco no planejamento estratégico, fazendo análises econômico-financeiras de viabilidade de projetos de investimentos, verificando o desempenho das áreas (departamento de vendas, de compras, de pessoas etc.), entre outros.

A maioria desses profissionais pode atuar tanto no âmbito das empresas privadas quanto das entidades ou órgãos públicos, como os auditores e controladores da Receita Federal, dos Tribunais de Contas da União, Estados e Municípios etc. Ainda há possibilidades de seguir carreira acadêmica, como professores, pesquisadores, dando palestras ou cursos de curta duração, ou mesmo como autores de livros ou materiais didáticos.

Além do curso de bacharelado, os profissionais também podem fazer cursos de pós-graduação, em nível *lato sensu*, que são as especializações, ou *stricto sensu*, que são os cursos de mestrado (cerca de 2 anos de duração) e doutorado (média de 4 anos).

REVISANDO OS OBJETIVOS

1. Definir o conceito de contabilidade

É o processo de identificar, registrar, mensurar, classificar, sumarizar, interpretar e comunicar a informação financeira. É a ciência que analisa, registra e controla todos os ativos e passivos daqueles que queiram saber qual é a sua posição patrimonial. Os recursos econômicos são denominados ativo. É aquilo que as empresas possuem com o objetivo de gerar riqueza futura. As obrigações com terceiros que exigirão pagamentos futuros são chamadas de passivo. A diferença entre o ativo e o passivo mostra a situação líquida da entidade, ou seja, seu patrimônio líquido. Representa a parcela que sobra de recursos para os proprietários após o pagamento de todas as dívidas.

2. Mostrar quem são os usuários da informação contábil

Os usuários da contabilidade podem ser divididos em internos ou externos. Os usuários internos estão dentro das entidades, como no caso dos administradores e funcionários. Eles têm acesso a um volume muito maior de informações que os usuários externos, além de terem a possibilidade de demandar informações específicas, no momento que desejarem. Por sua vez, os usuários externos necessitam que as entidades divulguem informações para que tomem suas decisões, como é o caso dos fornecedores, governo e instituições financeiras. Em geral, essas informações são padronizadas e exigidas por órgãos reguladores.

3. Apresentar o objeto de estudo da contabilidade

O objeto de estudo da contabilidade é o patrimônio. A contabilidade estuda suas variações ao longo do tempo, seja das pessoas físicas ou jurídicas. É o balanço patrimonial que retrata essa posição, por meio da equação contábil básica (A = P + PL). Por meio dessa equação matemática, é possível verificar cinco situações: (1) A = PL, significa que a empresa não possui dívidas com terceiros; (2) A = P + PL, é a situação mais usual, que demonstra uma empresa em plena atividade; (3) A = P, situação na qual não existe capital dos proprietários e todo o ativo pertence a terceiros; (4) A + PL = P, demonstra um "passivo a descoberto", caso em que já não há ativos suficientes para a empresa quitar suas dívidas; e (5) P = PL, quando a empresa não possui mais ativos, apenas dívidas.

4. Identificar em quais áreas um profissional contábil poderá atuar

Atualmente, para exercer a contabilidade, é necessário que o contabilista realize uma prova aplicada pelo Conselho Federal de Contabilidade (CFC), chamada de Exame de Suficiência. Os contadores são aqueles que têm diploma de bacharel, obtido em cursos com duração média de 4 a 5 anos oferecidos por universidades ou faculdades, e podem atuar na área pública ou privada, como contadores, auditores, peritos, *controllers* etc. Já o técnico em contabilidade é aquele que fez curso de curta duração em uma escola técnica ou instituto, que leva cerca de 3 anos, no máximo. De acordo com a legislação, ele não pode mais obter registro no CFC.

CONSTRUINDO SEU DICIONÁRIO

_____ 🖉 : mostra de que forma os recursos foram investidos (ativo).

_____ 🖉 : conjunto de recursos econômicos capazes de gerar benefícios futuros.

_____ 🖉 : revisam o trabalho realizado pelos contadores, buscando verificar se está livre de erros, desvios ou qualquer tipo de problema.

_____ ✏ : apresenta os ativos, passivos e patrimônio líquido de uma entidade em determinada data.

_____ ✏ : ciência que analisa, registra e controla as informações financeiras de uma empresa.

_____ ✏ : contabilidade voltada para os usuários externos e suas decisões.

_____ ✏ : contabilidade voltada para o usuário interno e suas decisões.

_____ ✏ : atuam verificando e controlando os custos das empresas, com o objetivo de formar preços de venda.

_____ ✏ : fazem planejamento tributário, verificando quais são as formas legais de as pessoas físicas ou jurídicas pagarem menos impostos.

_____ ✏ : atuam no planejamento estratégico das empresas, fazendo análises com o objetivo de maximizar os ganhos e/ou reduzir as perdas.

_____ ✏ : Ativo = Passivo + Patrimônio Líquido

_____ ✏ : representa como os recursos foram captados (se houve aporte de capital pelos sócios, patrimônio líquido, ou por obrigações constituídas com terceiros, passivo).

_____ ✏ : são as obrigações que uma entidade possui com terceiros.

_____ ✏ : objeto de estudo da contabilidade é o patrimônio e as suas variações ao longo do tempo.

_____ ✏ : são as obrigações que a entidade possui para com os sócios.

_____ ✏ : são designados por juízes para verificar se há fraudes, desvios ou mesmo inconsistências contábeis no âmbito de processos judiciais.

_____ ✏ : são aqueles que necessitam que as empresas divulguem um mínimo de informações, para que possam tomar suas decisões.

_____ ✏ : são aqueles que trabalham dentro da empresa e, portanto, possuem uma gama maior de informações sobre ela.

QUESTÕES DE REVISÃO

1. Termo dado aos recursos econômicos que uma pessoa possui:
   a) Ativo.
   b) Passivo.
   c) Patrimônio líquido.
   d) Balanço Patrimonial.

2. Sobre o Balanço Patrimonial, podemos afirmar:
   a) É o conjunto de todos os bens que uma pessoa possui durante toda a sua vida.
   b) Representa a soma dos ativos, passivos e patrimônio líquido de uma entidade enquanto ela existir.
   c) É toda a estrutura física de um negócio, podendo incluir máquinas, produtos desenvolvidos exclusivamente por uma empresa, sua carteira de clientes e seus funcionários.
   d) É composto pela soma de todos os bens e direitos de uma entidade menos o total de obrigações em determinada data.

3. Usuários internos são aqueles que:
   a) Estão fora da entidade e obtêm informações futuras das empresas.
   b) Estão dentro da entidade e conseguem obter informações gerenciais sobre ela.
   c) Obtêm apenas informações passadas sobre a empresa, por meio de um conjunto de demonstrações e relatórios financeiros apresentados pelas empresas.
   d) Tomam decisões baseadas nos Balanços Patrimoniais divulgados pelas empresas em *sites* ou jornais de grande circulação.

4. São exemplos de usuários externos e usuários internos, respectivamente:
   a) Fornecedores e clientes.
   b) Governo e instituições financeiras.
   c) Administradores e funcionários.
   d) Investidores e proprietários.

5. A equação contábil básica é:
   a) A + P = PL
   b) A + PL = P
   c) P − PL = A
   d) PL + P = A

6. As obrigações de uma empresa são denominadas:
   a) Aplicações de recursos.
   b) Origem de recursos.
   c) Passivo a descoberto.
   d) Situação líquida.

7. Dos itens apresentados a seguir, quais são ativos?
   a) Veículos, Terrenos e Empréstimos Obtidos.
   b) Bancos, Contas a Pagar e Máquinas.
   c) Empréstimos Concedidos, Duplicatas a Receber e Edificações.
   d) Capital, Caixa, Móveis e Utensílios.

8. Dos itens apresentados a seguir, quais são passivos?
   a) Fornecedores, Tributos a Recolher e Notas Promissórias a Pagar.
   b) Salários a Pagar, Capital e Contas a Pagar.

c) Empréstimos Obtidos, Títulos a Pagar e Lucros.

d) Capital, Duplicatas a Pagar e Fornecedores.

9. São contas do patrimônio líquido:
   a) Lucros Acumulados e Notas Promissórias a Pagar.
   b) Contas a Pagar e Contas a Receber.
   c) Caixa e Capital.
   d) Capital e Lucros Acumulados.

10. Sobre a situação patrimonial líquida, temos:
    a) Uma empresa que possua obrigações com terceiros maiores que o valor total do seu ativo apresenta uma situação contábil líquida nula.
    b) A integralização do capital social de uma empresa no ato da sua constituição demonstra uma situação contábil denominada passivo a descoberto.
    c) A situação patrimonial nula é quando o total do ativo é maior que as obrigações com terceiros.
    d) Situação patrimonial normal dos negócios é aquela em que o total dos ativos supera o passivo e o patrimônio líquido apresenta qualquer valor maior que zero.

11. Por qual motivo, no Balanço Patrimonial, o montante do ativo será sempre igual ao montante do passivo mais o do patrimônio líquido?
    a) Porque no ativo se encontram todos os recursos necessários para saldar as despesas do passivo mais as do patrimônio líquido.
    b) Porque todo capital que entra pelo ativo de uma empresa é aplicado no passivo e no patrimônio líquido.
    c) Porque é um princípio contábil que deve ser aceito e seguido.
    d) Porque o passivo e o patrimônio líquido representam as fontes de recursos e o ativo é caracterizado pela aplicação desses recursos originados.

 EXERCÍCIOS

1. A contabilidade é classificada em financeira, se as informações são voltadas aos usuários externos, ou gerencial, se voltadas ao usuário interno. Classifique os itens a seguir em financeira (F) ou gerencial (G):
   a) (　) Verificar se é possível conceder um empréstimo bancário.
   b) (　) Verificar o preço de custo de determinado produto.
   c) (　) Identificar o valor dos dividendos distribuídos no ano.
   d) (　) Analisar se a empresa poderá adquirir novas máquinas.
   e) (　) Verificar se uma filial apresenta a melhor lucratividade.
   f) (　) Identificar o lucro do período para apuração dos impostos.

CAPÍTULO 1 | O QUE É CONTABILIDADE E QUAL O SEU OBJETIVO?

2. Associe a pergunta com o usuário das demonstrações contábeis – administrador (A); clientes (C); empregados (E); fornecedores (F); investidor (I); instituição financeira (IF); governo (G):

a) ( ) Qual empresa destina maiores dividendos?

b) ( ) A empresa obteve lucro tributável no período?

c) ( ) A entidade tem capacidade de pagar todas as suas dívidas?

d) ( ) A empresa apresenta risco de não pagar o empréstimo adquirido?

e) ( ) Qual o custo para fabricação dos produtos?

f) ( ) A empresa terá condições de pagar meus salários?

g) ( ) Se meu produto quebrar, a empresa fornecerá garantia?

3. Classifique as contas a seguir quanto a ativo (A), passivo (P) ou patrimônio líquido (PL):

a) ( ) Terrenos

b) ( ) Bancos

c) ( ) Lucros Acumulados

d) ( ) Fornecedores

e) ( ) Computadores

f) ( ) Capital

g) ( ) Materiais de Consumo

h) ( ) Clientes

i) ( ) Empréstimos Bancários

j) ( ) Veículos

4. Sabendo-se que a equação básica da contabilidade é A = P + PL, responda:

a) O ativo da empresa Jalapão Ltda. é R$ 3.000 e o passivo, R$ 2.500. Qual o total do patrimônio líquido?

b) O ativo da empresa Vale Encantado Ltda. é de R$ 190.000 e ela tem um patrimônio líquido de R$ 110.000. Qual o valor do passivo?

c) O passivo da Cia. do Cerrado é R$ 15.000 e o patrimônio líquido é R$ 23.400. Qual o total do ativo?

d) A Patriota S.A. possui um ativo total de R$ 50.000 e um passivo de R$ 90.000. Qual o total do seu patrimônio líquido?

5. Em 1º de janeiro de 20X6, a empresa Capim Dourado Ltda. apresentava ativos de R$ 80.000 e um passivo de R$ 25.000. Considere os eventos de maneira independente.

a) No final do ano, o ativo da Capim Dourado era de R$ 75.000 e o patrimônio líquido aumentou R$ 10.000. Qual o valor do passivo?

b) Se em 31.12.X6 o total do passivo reduziu em R$ 20.000 e o ativo aumentou em R$ 5.000, qual o valor do patrimônio líquido da empresa?

c) Se, durante o ano, os ativos da empresa reduziram em R$ 13.000 e os passivos reduziram em R$ 6.000, qual o valor do patrimônio líquido da empresa em 31.12.X6?

d) Se o total do patrimônio líquido aumentou R$ 3.000 e o ativo não alterou, qual o valor do passivo no final do ano?

6. No fim de determinado ano, Antônio quis saber qual o valor total do seu patrimônio. Verificou que tinha na conta bancária um saldo de R$ 5.000. Possui uma moto no valor de R$ 8.000 e um terreno de R$ 20.000. O terreno é financiado e ainda faltam quitar

R$ 7.000. Antônio ainda terá de pagar as seguintes obrigações do mês: R$ 500 de aluguel, R$ 200 de energia e R$ 300 de água. Qual o valor total:

a) do seu ativo?

b) do seu passivo?

c) do seu patrimônio líquido?

7. Elabore os Balanços Patrimoniais da empresa Estrela Dourada após cada um dos itens a seguir:

a) No início do ano, a Estrela Dourada foi constituída com um capital de R$ 100.000 aplicados em uma conta bancária.

b) Adquiriu um veículo de R$ 30.000, com financiamentos bancários de 10 parcelas.

c) Comprou R$ 10.000 de estoques à vista.

d) Pagou a primeira parcela do financiamento.

e) Adquiriu móveis a prazo, no valor de R$ 13.000.

f) Contratou um empréstimo bancário, de R$ 5.000, depositados na conta da empresa.

8. Analise os seguintes Balanços Patrimoniais e informe qual das cinco possíveis situações gráficas a empresa apresenta em relação à sua situação patrimonial:

(1) Situação líquida positiva ou "normal"

(2) Situação líquida nula

(3) Situação líquida negativa ou "passivo a descoberto"

(4) Situação líquida inicial das empresas

(5) Situação de falência

a)

BALANÇO PATRIMONIAL			
Passivo		**Patrimônio Líquido**	
Salários a Pagar	6.000	Capital Social	21.000
Empréstimos	15.000		
Total	**21.000**	**Total**	**21.000**

b)

BALANÇO PATRIMONIAL			
Ativo		**Passivo**	
Caixa	2.000	Empréstimos	20.000
Máquinas	18.000		
Total	**20.000**	**Total**	**20.000**

c)

BALANÇO PATRIMONIAL			
Ativo		**Passivo**	
Caixa	1.200	Fornecedores	3.200
Estoques	3.500	**Patrimônio Líquido**	
Veículos	9.500	Capital Social	11.000
Total	**14.200**	**Total**	**14.200**

d)

BALANÇO PATRIMONIAL			
Ativo		**Patrimônio Líquido**	
Caixa	5.000		
Terrenos	20.000	Capital Social	25.000
Total do Ativo	**25.000**	**Total P + PL**	**25.000**

e)

BALANÇO PATRIMONIAL			
Ativo		**Passivo**	
Caixa	1.200	Empréstimos	19.000
Patrimônio Líquido			
Capital Social	17.800		
Total	**19.000**	**Total**	**19.000**

CAPÍTULO 2

POR QUE A INFORMAÇÃO DEVE SER COMPREENSÍVEL?

OBJETIVOS DESTE CAPÍTULO
1. Mostrar a contabilidade no cenário mundial.
2. Apresentar os responsáveis pela elaboração de normas contábeis.
3. Discutir os diversos tipos de entidades.
4. Identificar quais são as características que a informação contábil deve apresentar.

ANTES DE COMEÇAR...

Os meios de comunicação atuais fazem um grande esforço para que eventos complexos sejam facilmente entendidos pelas pessoas. Quando o governo adota uma medida econômica, um especialista tenta traduzir os motivos e os seus impactos na nossa vida. Se um cientista é premiado por uma pesquisa complexa, os resultados precisam ser apresentados de forma que tenhamos uma ideia da sua importância. Existindo um conflito em um país distante, há um esforço para que as razões sejam mostradas de maneira clara e compreensível. Os meios de comunicação fazem esse esforço para que um maior número de pessoas possa entender os fatos que são apresentados.

Mas mostrar algo de maneira fácil é difícil. Pense em uma criança que pergunta à mãe ou ao pai como nascem os bebês. Como responder à pergunta dessa criança? Detalhar demais talvez não ajude, e inventar algo pode não ser suficiente. O que a mãe e o pai sabem sobre o assunto deve ser "traduzido" para a linguagem e entendimento da criança. Essa é uma situação bastante parecida com a do meio de comunicação que tem de explicar a crise do Oriente Médio para seu público.

Na realidade, é um problema típico de um especialista: como se tornar compreensível. Temos de usar termos adequados, que possibilitem a compreensão de nossa mensagem pela pessoa com a qual estamos nos comunicando. Premissa básica da comunicação.

A contabilidade está muito associada à comunicação, inclusive no quesito de como ser plenamente entendido por alguém. Para isso, usamos figuras, números, palavras, narrativas e muitas outras técnicas. Mas precisamos também conhecer alguns conceitos básicos, como lucro, ativo, receita, entre outros. Como a contabilidade é a linguagem dos negócios, o seu estudo corresponde a adquirir os meios suficientes para entender o que está sendo comunicado. Atualmente, quando as empresas desejam comunicar algo sobre seus negócios, usam esses meios. Trataremos sobre tais aspectos ao longo deste capítulo.

INTRODUÇÃO

Vimos no Capítulo 1 que a contabilidade é um sistema de informações para auxiliar os usuários a tomarem decisões. Mas toda informação é útil? A resposta é: não.

Suponhamos que um investidor americano queira comprar ações de determinada empresa brasileira. As demonstrações e relatórios contábeis, primeiramente, estariam na língua portuguesa e em real. Em segundo lugar, esse potencial investidor deveria verificar se as normas contábeis adotadas aqui seriam muito diferentes das normas americanas, para avaliar se é melhor investir aqui ou no seu país. Além disso, as informações apresentadas precisam ser as que o usuário esteja buscando e estejam disponíveis no momento certo.

Dado esse novo cenário dos negócios, há uma maior preocupação com a maneira como a informação contábil é apresentada. Esse novo capítulo discute, portanto, a questão da convergência das informações, já que hoje estamos inseridos em um mundo globalizado. Você já deve ter ouvido essa frase centena de vezes. Agora, vamos explicar um pouco melhor como a globalização afeta a contabilidade. Finalizando o capítulo, discutimos os principais tipos de entidades vigentes no Brasil e quais são as características que a informação contábil deve apresentar para ser considerada útil.

2.1 ASPECTOS DA CONTABILIDADE MODERNA

2.1.1 Convergência

A contabilidade moderna nasceu nas cidades da Itália há mais de 600 anos. O primeiro livro é de autoria de um religioso, que descrevia um método usado pelos comerciantes da época. Esse método foi traduzido em diversas línguas. A contabilidade era praticada conforme as dicas apresentadas pelo autor. Entretanto, com o passar do tempo, a contabilidade foi se adaptando às regras e costumes locais, o que trouxe uma grande variedade na maneira de "fazer contabilidade".

OBJETIVO ❶

Mostrar a contabilidade no cenário mundial.

Recentemente observamos na economia mundial um aumento na integração entre os países. Um produto pode ter as partes fabricadas na China, a montagem feita no Japão e ser comercializado no mundo todo. Uma grande empresa atua globalmente e negocia com diversos parceiros. O fato de a contabilidade ser diferente em cada país passou a ser uma barreira para os negócios. Tome como exemplo o caso de uma empresa com atuação nos cinco continentes. Se ela tiver de fazer sua contabilidade conforme as regras de cada local, a quantidade de pessoas necessárias seria grande. E a contabilidade da empresa como um todo seria difícil de entender.

Para as empresas, ter uma contabilidade diferente em cada local é muito caro e trabalhoso. Além disto, um mesmo evento poderia ter registros diferentes. Seria muita confusão, não somente para a empresa, como também para o usuário.

Por este motivo, alguns países se reuniram e criaram o International Accounting Standards Board (IASB), em 2001. Esse órgão tem aprovado normas contábeis que podem ser adotadas em diversos países. A meta do IASB é fazer com que a contabilidade de cada país seja cada vez mais parecida. Suas normas foram adotadas pelo Brasil, inicialmente, com a Lei n. 11.638/2007.

Denomina-se **convergência** o processo de adoção de um conjunto de normas semelhantes por diversos países. Refere-se, de modo geral, à adoção das normas do IASB, como ocorreu com o Brasil. É um processo lento e demorado, mas que pode reduzir diferenças existentes na contabilidade dos países em alguns anos.

2.1.2 Automação

Um segundo aspecto importante da contabilidade moderna é a **automação**. Quando a contabilidade surgiu, ela era feita à mão. Fazê-la era um processo lento e ter uma boa letra era uma das exigências de um bom profissional. Não existia computador, nem sequer calculadora. Perdia-se muito tempo para somar os valores. E os contadores criavam regras simples para ajudar a localizar possíveis erros.

Com a evolução da tecnologia, a contabilidade passou a usar calculadoras, máquinas de datilografia e, agora, computadores. Hoje, as tarefas repetitivas podem ser executadas mais facilmente e com menor chance de erro. Veja na Figura 2.1 como a tecnologia aplicada à contabilidade evoluiu ao longo dos anos.

Figura 2.1 Evolução da escrita contábil ao longo dos anos

ÁBACO
Antigo instrumento utilizado pela contabilidade para efetuar operações matemáticas.

LIVRO DIÁRIO
A contabilidade era feita de forma totalmente manuscrita.

SOFTWARES CONTÁBEIS
Atualmente a contabilidade é toda feita em sistemas informatizados.

Fonte: elaborada pela autora.

Em uma empresa moderna, os eventos mais comuns são realizados em um programa de computador. Os milhões de registros são armazenados em bancos de dados virtuais. É possível fechar um balanço por meio de um simples comando do sistema contábil. Várias empresas foram criadas para facilitar a integração entre os sistemas fiscal, contábil e de pessoal com o objetivo de gerar relatórios rapidamente.

Mas a automação não resolve todos os problemas. Os especialistas precisam verificar se as rotinas dos programas de contabilidade estão corretas, se não há problemas de cálculo e se as decisões tomadas pelos gestores estão refletidas na contabilidade.

Entender o processo contábil é importante para se certificar de que a automação foi feita de forma correta.

2.1.3 Complexidade das transações

Quando a contabilidade moderna surgiu, seu foco eram as trocas comerciais. Atualmente, temos uma realidade muito mais complexa. Isso ocorre na maneira como os produtos são fabricados, como as economias estão ligadas, no número de operações financeiras etc. Essa complexidade está refletida na contabilidade.

Conforme você leu anteriormente, o IASB busca elaborar normas comuns para diferentes países. Mas a tarefa do IASB é ainda mais difícil, já que a cada dia surgem novidades na economia mundial, fazendo com que novas normas precisem ser criadas para que todos possam fazer a mesma contabilidade. Com um mundo mais complexo, as normas também tendem a ter mais complexidade. A quantidade de normas e seu tamanho vão crescendo ao longo do tempo.

Com isso, o mercado de trabalho acaba precisando de profissionais com conhecimentos mais específicos. Desse modo, os contadores têm procurado se especializar cada vez mais. Temos contadores com amplo conhecimento em seguros, auditoria de sistemas, bancos, câmbio, entidades sem fins lucrativos etc. O objetivo deste livro é dar uma sustentação básica para um conhecimento amplo.

PAUSA PARA REVISAR

1. Cite algumas mudanças ocorridas nos últimos anos na contabilidade.
2. Como se denomina a tentativa de fazer com que as normas contábeis de diferentes países sejam parecidas?
3. Qual o nome do órgão responsável por criar normas contábeis adotadas por diversos países?
4. Você saberia citar as exigências do mercado de trabalho diante das mudanças ocorridas nos últimos anos?

2.2 RESPONSÁVEIS PELA NORMATIZAÇÃO CONTÁBIL

Este livro tem como objetivo proporcionar o conhecimento básico necessário para entender a contabilidade. Mas o campo da contabilidade é amplo e cresce a cada dia. Quando um contador trabalha numa empresa, ele usa seu conhecimento para fazer sua tarefa. Mas, como dissemos, há leis, normas e regras que precisam ser seguidas para se fazer corretamente a contabilidade. É fundamental, portanto, que o profissional respeite todas as normas existentes. Para ampliar seu conhecimento, apresentamos a seguir alguns dos responsáveis pela regulação contábil.

OBJETIVO ❷

Apresentar os responsáveis pela elaboração de normas contábeis.

2.2.1 International Accounting Standards Board (IASB)

O IASB já foi citado neste capítulo. É uma entidade sem fins lucrativos, com sede em Londres, composta por diversos representantes do mundo, inclusive o Brasil. Sua finalidade é obter a convergência da contabilidade em diferentes países. Significa dizer que uma norma elaborada por este órgão pode ser traduzida e adotada por diversos países. Suas normas tratam de assuntos mais abrangentes, e os países não são obrigados a usá-las. Porém, acredita-se que utilizar as normas do IASB possa melhorar a contabilidade dos países e das empresas. O IASB é a mais importante entidade que produz normas contábeis no mundo.

2.2.2 Comitê de Pronunciamentos Contábeis (CPC)

No Brasil, temos diversas entidades que elaboram normas. O CPC foi criado em 2005 para ajudar o país a adotar as normas do IASB. As suas normas, denominadas **pronunciamentos**, correspondem à tradução e à adaptação do que é feito no IASB. O CPC está vinculado ao Conselho Federal de Contabilidade (CFC), a entidade de classe dos contadores. Se o IASB é uma entidade privada sem fins lucrativos, o CPC está vinculado ao governo brasileiro. Os pronunciamentos do CPC podem ser adotados por diversos órgãos públicos. É o caso do Banco Central, da Aneel, Susep, ANS e Comissão de Valores Mobiliários (CVM), entre outros. Mais importante, a apuração de certos impostos no Brasil respeita, de certa forma, as normas do CPC.

2.2.3 Comisão de Valores Mobiliários (CVM)

A CVM é um órgão do governo federal que regula as empresas com ações na Bolsa de Valores. Essas empresas são de grande porte, empregam muitas pessoas e são importantes para a economia. Por este motivo, a CVM é um regulador importante.

2.2.4 Conselho Federal de Contabilidade (CFC)

O CFC é o órgão de classe dos profissionais que trabalham com a contabilidade. Seu papel é fiscalizar o cumprimento das normas pelo profissional. Ele também desempenha um papel

22 FUNDAMENTOS BÁSICOS DE CONTABILIDADE

importante na produção de normas contábeis, especialmente para pequenas empresas, setor público e terceiro setor.

Na área pública, além do CFC, as normas contábeis são feitas também pela Secretaria do Tesouro Nacional (STN) e pelo Tribunal de Contas da União (TCU).

Se o leitor estiver confuso com essa grande quantidade de siglas, não se preocupe. Essas letras serão decoradas com o passar do tempo. O Quadro 2.1 resume cada uma delas. Mas atenção: fizemos apenas um resumo da atuação destes órgãos. Muitas vezes, ela pode ir além do que está apresentado na figura.

Quadro 2.1 Siglas de alguns reguladores e seu campo de atuação

Sigla	Significado	O que regula	Página
Aneel	Agência Nacional de Energia Elétrica	As empresas do setor elétrico	aneel.gov.br
ANS	Agência Nacional de Saúde Suplementar	Os planos de saúde	ans.gov.br
BCB	Banco Central do Brasil	As instituições financeiras	bcb.gov.br
CFC	Conselho Federal de Contabilidade	Profissão contábil	cfc.org.br
CPC	Comitê de Pronunciamentos Contábeis	Convergência das normas internacionais	cpc.org.br/CPC
CVM	Comissão de Valores Mobiliários	O mercado de capitais (bolsa de valores)	cvm.org.br
Iasb	International Accounting Standards Board	Normas internacionais de contabilidade	ifrs.org/groups/international-accounting-standards-board
STN	Secretaria do Tesouro Nacional	Contabilidade pública	tesouro.fazenda.gov.br
TCU	Tribunal de Contas da União	Contabilidade pública	tcu.gov.br

Fonte: elaborada pela autora.

2.3 ENTIDADES

A contabilidade pode ser utilizada por uma grande multinacional, um município, uma igreja e outras entidades. Vamos apresentar algumas das classificações existentes e seu uso da contabilidade.

2.3.1 Pessoa física e pessoa jurídica

A **pessoa física** é todo ser humano. Já a **pessoa jurídica** são as empresas, o governo, as entidades sem fins lucrativos, entre outras. Quando se aprende contabilidade, o centro da atenção está na pessoa jurídica. Mas a contabilidade também pode ser usada pela pessoa física.

OBJETIVO ❸

Discutir os diversos tipos de entidades.

CONECTANDO TEORIA E PRÁTICA

Não são apenas as empresas que fazem contabilidade. Quando uma pessoa física faz a declaração do Imposto de Renda, por exemplo, está apresentando para a Receita Federal a sua contabilidade.

2.3.2 Primeiro, segundo e terceiro setor

O primeiro setor corresponde ao governo. Inclui a União (governo federal), Estados e Municípios. O segundo setor é constituído pelas empresas. Empresas buscam lucro em suas operações. O terceiro setor é composto pelas entidades que não visam lucro, mas buscam atender as demandas da sociedade. São exemplos de entidades do terceiro setor: igrejas, condomínios e partidos políticos. A Figura 2.2 apresenta os três setores da economia.

Figura 2.2 Setores da economia

União / Estados / Municípios	→	PRIMEIRO SETOR
Sociedades limitadas / Eireli / Sociedades anônimas	→	SEGUNDO SETOR
Igrejas / Condomínios / Partidos políticos	→	TERCEIRO SETOR

Fonte: elaborada pela autora.

Essa divisão é muito importante. Os três setores possuem objetivos diferentes, e a contabilidade de cada um também tem aspectos próprios.

2.3.3 Tipos de empresa

Estamos falando aqui do segundo setor. As empresas podem ser criadas de várias formas. Ao longo do tempo, novos tipos foram surgindo no Brasil. Comentaremos somente os mais comuns.

A **sociedade limitada** é a reunião de duas ou mais pessoas para exercer uma atividade econômica. A denominação resumida é **Ltda**. Nesse tipo de empresa, cada sócio é responsável por sua parcela do capital, denominado **cotas**. Por isso, usa-se o termo "limitada". As limitadas geralmente são empresas pequenas: microempresa (ME) ou empresa de pequeno porte (EPP), mas há também casos de empresas limitadas de grande porte.

A **empresa individual de responsabilidade limitada (Eireli)** foi criada em 2011 em nosso país. É uma entidade com apenas um proprietário. Podem ser microempresas ou empresas de pequeno porte.

A **sociedade anônima ou S.A.** são empresas de grande porte. O capital é dividido em ações e a gestão é mais complexa que os tipos anteriores. Elas se encontram regulamentadas pela Lei n. 6.404 de 1976. Podem ter o capital fechado, o mais comum, ou aberto. Se o capital for aberto, as ações ou títulos mobiliários serão negociados na Bolsa de Valores.

PAUSA PARA REVISAR

1. Quais reguladores foram citados no texto?
2. Quais são os três setores da economia? Qual a principal diferença entre o segundo e o terceiro setor?
3. Explique a diferença entre as empresas Eireli e Ltda.

2.4 CARACTERÍSTICAS DA INFORMAÇÃO CONTÁBIL

A informação contábil deve possuir certas características para o usuário. Existem as **características fundamentais** e aquelas que melhoram a informação, as **características de melhoria**. As informações com características fundamentais são mais importantes que as do segundo tipo.

OBJETIVO ❹

Identificar quais são as características que a informação contábil deve apresentar.

2.4.1 Características fundamentais

A contabilidade deve apresentar informações que sejam **relevantes** e que tenham **representação fidedigna** da realidade.

2.4.1.1 Relevância

A informação contábil deve ser relevante. Em outras palavras, deve fazer diferença na decisão do usuário. Um exemplo dessa situação é quando um banco decide conceder empréstimo baseado na informação contábil. Ou quando o gestor opta por expandir a empresa, e precisa saber da existência de dinheiro. Ou o investidor que decide vender as ações de uma empresa por causa do prejuízo apresentado no ano. Nos três exemplos, a informação contábil foi relevante, pois fez diferença na tomada de decisão do usuário.

Observe a Figura 2.3. No quadro da esquerda, temos a receita de uma empresa para cinco períodos. Com essa informação, o usuário faz uma previsão da receita para os próximos períodos (traço em cinza). A informação de períodos passados foi relevante, pois permitiu que o usuário fizesse tal previsão. Esse é o significado de **valor preditivo** da contabilidade. No quadro da direita, vemos que foi possível comprovar a previsão. Temos, portanto, que a informação foi útil, pois confirmou a análise do usuário. É o que chamamos **valor confirmatório** da contabilidade.

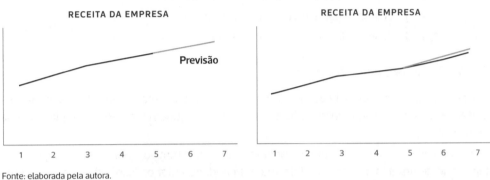

Figura 2.3 Relevância da informação

Fonte: elaborada pela autora.

Em resumo, uma informação é relevante quando faz diferença na decisão. E ela pode fazer diferença tanto ajudando na previsão (valor preditivo) quanto confirmando a análise (valor confirmatório).

2.4.1.2 Representação fidedigna

O nome é complicado, mas o conceito é bem simples: a contabilidade deve mostrar a realidade. Se a empresa está com muitas dívidas, isso deve estar na sua contabilidade. Se existe R$ 900 na sua conta-corrente, este é o valor que deve constar da contabilidade. Se a empresa está perdendo mercado, o valor da receita deve informar isto.

Três são as características de uma representação fidedigna. Primeiro, a contabilidade deve ser **completa**. Significa que todas as informações necessárias foram apresentadas e que a empresa não omitiu nada que pudesse ser importante para a decisão. Segundo, deve ser **neutra**. Isto é, não deve nem ser contra nem a favor. Terceiro, a informação deve ser **livre de erro**. A Figura 2.4 apresenta um resumo das características fundamentais:

Figura 2.4 Características fundamentais da informação contábil

Fonte: elaborada pela autora.

PAUSA PARA REVISAR

Veja se você entendeu as características fundamentais da contabilidade. Associe cada frase com os termos relevância (R) e representação fidedigna (RF).

1. (   ) A contabilidade ajuda na previsão.
2. (   ) A contabilidade deve fazer diferença nas decisões.
3. (   ) A contabilidade deve mostrar a realidade.
4. (   ) A contabilidade deve ser completa, neutra e livre de erro.

2.4.2 Características de melhoria

Existem algumas características que melhoram o uso da contabilidade. Não são tão importantes quanto as características fundamentais, mas ajudam a aumentar a qualidade da informação.

A contabilidade deve permitir a comparação. Por esse motivo, quando se divulga a contabilidade de um ano, também se informa a do período anterior. Isso é denominado **comparabilidade**. Mas a comparação vai além. É preciso que a forma de medir seja a mesma de um período para outro, sempre que possível. E quando não for possível adotar as mesmas metodologias, regras ou normas, é importante que o usuário saiba que houve mudança no critério de registro.

A informação deve ser verificável. O valor da conta Bancos no balanço pode ser verificado pelo extrato do banco. A propriedade de terrenos pode ser feita pela escritura. Os estoques podem ser contados fisicamente. O valor da receita pode ser medido pelo relatório dos caixas. A **capacidade de verificação** é uma característica que melhora a informação, pois a torna ainda mais confiável.

Outro termo que pode parecer difícil, mas também é bem simples é **tempestividade**. A informação contábil deve estar disponível a tempo de auxiliar na decisão. Uma informação muito antiga não ajuda o usuário. Para decidir entre comprar uma máquina à vista ou a prazo, é necessário saber se há dinheiro disponível. Receber a informação de que não há caixa para comprar à vista depois que a máquina já foi adquirida não importa mais na decisão.

Finalmente, a contabilidade deve ser **compreensível**. Como dissemos antes, a realidade é muito complexa. Mas a informação deve ser feita para um usuário com grau de conhecimento razoável de contabilidade. Vimos aqui neste tópico alguns conceitos que poderiam parecer complexos para quem nunca estudou contabilidade, como representação fidedigna, valor preditivo ou tempestividade. Acreditamos que você não terá mais problemas para entendê-los quando os encontrar nos relatórios contábeis publicados pelas empresas. A Figura 2.65 resume as características de melhoria:

Figura 2.5 Características de melhoria da informação contábil

CARACTERÍSTICAS DE MELHORIA

| Comparabilidade | Capacidade de verificação | Tempestividade | Compreeensibilidade |

Fonte: ???

2.4.3 Restrição do custo

Produzir uma informação tem custo. O custo inclui a elaboração e divulgação da contabilidade. Imagina-se sempre que os benefícios sejam maiores que os custos, mas, muitas vezes, isso não ocorre. É necessário então comparar benefícios e custos na elaboração e divulgação do relatório por parte de uma empresa.

Vamos imaginar que uma empresa possui uma patente, mas a contabilidade da empresa não sabe como mensurar o valor dessa patente. A empresa pode: 1) treinar os funcionários para fazerem esse serviço; 2) contratar uma empresa especializada nesse tipo de trabalho. O problema é que, em ambos os casos, a solução é cara. Além disso, verificou-se que a patente não tem um valor tão elevado assim. Nesse caso, a contabilidade buscará uma maneira mais barata para mensurar a patente. Isso é o que chamamos de **restrição do custo**.

REVISANDO OS OBJETIVOS

1. **Mostrar a contabilidade no cenário mundial**

   Em virtude da globalização, vivemos um processo de adoção de um conjunto de normas semelhantes por diversos países. Esse processo é denominado convergência. Esse é um processo lento e demorado, já que pode reduzir diferenças existentes de muitos anos. Além da convergência, a contabilidade conta com avanços tecnológicos no processo de registros, que agora são, em geral, automatizados. Isso reduz o tempo de elaboração das demonstrações e traz maior confiabilidade nas informações, pois os erros são minimizados. Isso é extremamente importante, especialmente por termos hoje um ambiente com operações muito mais complexas.

2. **Apresentar os responsáveis pela regulação contábil**

   O IASB é uma entidade que visa promover a convergência da contabilidade de diferentes países. No Brasil, temos diversas entidades que elaboram normas: (1) o Comitê de Pronunciamentos Contábeis (CPC) elabora pronunciamentos que correspondem à tradução e à adaptação do que é feito no IASB; está vinculado ao Conselho Federal de Contabilidade (CFC), a entidade de classe dos contadores. Os pronunciamentos do CPC

FUNDAMENTOS BÁSICOS DE CONTABILIDADE

podem ser adotados por diversos órgãos públicos. É o caso do Banco Central, da Aneel, Susep, ANS e CVM, entre outros.

3. Discutir os diversos tipos de entidades

A pessoa física é todo ser humano, enquanto a pessoa jurídica são as empresas, o governo e as entidades sem fins lucrativos. O primeiro setor corresponde ao governo (União, Estados e Municípios). O segundo setor são as empresas que buscam o lucro das suas operações. O terceiro setor são as entidades que não visam lucro (igrejas, condomínios e partidos políticos). Em relação aos tipos de empresas, dentre outros, temos: a sociedade limitada, a empresa individual de responsabilidade limitada (Eireli) e a sociedade anônima, ou S.A.

4. Identificar quais são as características que a informação contábil deve apresentar

Existem as características fundamentais: relevância e representação fidedigna; e aquelas que melhoram a informação: comparabilidade, capacidade de verificação, tempestividade e compreensibilidade.

CONSTRUINDO SEU DICIONÁRIO

_____ 🖉: Numa empresa moderna, os eventos mais comuns são feitos por um programa de computador. Isso reduz o tempo de elaboração das demonstrações e minimiza os erros.

_____ 🖉: A informação deve ser verificável. Por exemplo, o valor da conta Bancos no Balanço pode ser verificado pelo extrato bancário.

_____ 🖉: A contabilidade deve apresentar informações que sejam relevantes e representem a realidade.

_____ 🖉: Não são tão importantes quanto as características fundamentais, mas ajudam a aumentar a qualidade da informação.

_____ 🖉: É um órgão do governo federal que regula as empresas com ações na Bolsa de Valores.

_____ 🖉: Está vinculado ao governo brasileiro. Seus pronunciamentos podem ser adotados por diversos órgãos públicos.

_____ 🖉: A contabilidade deve permitir a comparação. Por isso, quando se divulga a contabilidade de um ano, também se informa a do período anterior.

_____ 🖉: Com um mundo mais complexo, isto termina por passar também para as normas. O seu número e tamanho vão crescendo ao longo do tempo.

_____: A informação deve ser feita para um usuário com grau de conhecimento razoável de contabilidade.

_____: Órgão de classe dos profissionais que trabalham com contabilidade. Seu papel é fiscalizar e criar as normas da profissão. Também tem papel importante na produção de normas contábeis, especialmente para pequenas empresas, setor público e terceiro setor.

_____: Processo de adoção de um conjunto de normas semelhantes por diversos países. Refere-se, de modo geral, à adoção das normas do IASB.

_____: Entidade com apenas um proprietário. São empresas de pequeno porte.

_____: Sua função é promover a convergência da contabilidade de diferentes países.

_____: É todo ser humano.

_____: Trata-se de empresas, do governo, das entidades sem fins lucrativos.

_____: Corresponde ao governo (União, Estados e Municípios).

_____: Informação que faz diferença na decisão do usuário. Ajuda na previsão (valor preditivo) ou confirmando a análise (valor confirmatório).

_____: A contabilidade deve mostrar a realidade: deve ser completa, neutra e livre de erro.

_____: Produzir uma informação tem custo. O custo inclui a elaboração e divulgação da contabilidade. Espera-se que os benefícios sejam maiores que os custos.

_____: Cria normas contábeis para o setor público.

_____: São as empresas que buscam o lucro das suas operações.

_____: É a reunião de duas ou mais pessoas para exercer uma atividade econômica. A denominação resumida é Ltda.

_____: A contabilidade deve estar disponível a tempo de auxiliar na decisão. Uma informação muito antiga não ajuda o usuário.

_____: São as entidades que não visam lucro.

QUESTÕES DE REVISÃO

1. Qual o objetivo do processo de convergência?
   a) Reduzir o tempo de elaboração das demonstrações.
   b) Produzir informação contábil com menor custo e maior benefício.
   c) A adoção de um conjunto de normas semelhantes por diversos países.
   d) Aumentar a qualidade fundamental da informação.

2. Qual a entidade responsável pela convergência da contabilidade de diferentes países?
   a) Comissão de Valores Mobiliários (CVM).
   b) International Accounting Standard Board (IASB).
   c) Secretaria do Tesouro Nacional (STN).
   d) Comitê de Pronunciamentos Contábeis (CPC).

3. Qual a entidade responsável pela convergência da contabilidade no Brasil?
   a) Comissão de Valores Mobiliários (CVM).
   b) International Accounting Standard Board (IASB).
   c) Secretaria do Tesouro Nacional (STN).
   d) Comitê de Pronunciamentos Contábeis (CPC).

4. São classificados como pessoa física:
   a) Empresas.
   b) Governo.
   c) Partidos políticos.
   d) Seres humanos.

5. Referem-se ao primeiro setor:
   a) União, Estado e Municípios.
   b) Sociedades anônimas e limitadas.
   c) Partidos políticos e igrejas.
   d) Condomínios e clubes de futebol.

6. Referem-se ao segundo setor:
   a) União, Estado e Municípios.
   b) Sociedades anônimas e limitadas.
   c) Partidos políticos e igrejas.
   d) Condomínios e clubes de futebol.

7. Referem-se ao terceiro setor:
   a) Partidos políticos e igrejas.
   b) União, Estado e Municípios.
   c) Microempresa (ME) ou empresa de pequeno porte (EPP).
   d) Sociedades anônimas e limitadas.

8. São características fundamentais da informação contábil:
   a) Compreensibilidade e restrição ao custo.
   b) Tempestividade e verificabilidade.
   c) Comparabilidade e livre de vieses.
   d) Relevância e representação fidedigna.

9. Característica da informação contábil que faz diferença na decisão do usuário:
   a) Comparabilidade.
   b) Restrição ao custo.
   c) Relevância.
   d) Representação fidedigna.

10. A representação fidedigna é aquela que:
    a) Possui valor preditivo e valor confirmatório.
    b) É completa, livre de erros e de viés.

c) É verificável em relatórios ou documentos.

d) É elaborada no tempo certo.

11. São características de melhoria da informação contábil:

a) Compreensibilidade e restrição ao custo.

b) Tempestividade e capacidade de verificação.

c) Comparabilidade e livre de vieses.

d) Relevância e representação fidedigna.

12. A informação deve estar disponível a tempo de auxiliar na decisão. Essa característica é denominada:

a) Comparabilidade.

b) Compreensibilidade.

c) Capacidade de verificação.

d) Tempestividade.

 ## EXERCÍCIOS

1. Relacione o órgão com sua função ou finalidade:

   (1) Comissão de Valores Mobiliários (CVM)
   (2) Comitê de Pronunciamentos Contábeis (CPC)
   (3) Conselho Federal de Contabilidade (CFC)
   (4) International Accounting Standard Board (IASB)
   (5) Agência Nacional de Energia Elétrica (Aneel)

   a) ( ) Órgão que regula as empresas do setor de energia elétrica.

   b) ( ) É o órgão dos profissionais que trabalham com a contabilidade. Seu papel é fiscalizar e criar as normas da profissão. Também tem um papel importante na produção de normas contábeis, especialmente para pequenas empresas, setor público e terceiro setor.

   c) ( ) Seus pronunciamentos podem ser adotados por diversos órgãos públicos.

   d) ( ) Sua função é promover a convergência da contabilidade de diferentes países.

   e) ( ) É um órgão do governo federal que regula as empresas com ações na Bolsa de Valores.

2. Analise as informações a seguir e indique (PS) para primeiro setor; (SS) para segundo setor e (TS) para terceiro setor:

   a) ( ) Sociedades limitadas.
   b) ( ) Igrejas.
   c) ( ) Secretaria da Receita Estadual.
   d) ( ) Condomínios.
   e) ( ) Empresa individual de responsabilidade limitada.
   f) ( ) Ministério do Planejamento, Orçamento e Gestão.

3. Considerando as características qualitativas da informação contábil, temos:

   a) Informação _____ é aquela que foi apresentada de forma completa e não possui erros na sua apresentação.

b) Informação _____ é aquela capaz de fazer a diferença no processo de decisão do usuário.

c) _____ é quando diferentes observadores apresentam um consenso sobre a realidade econômica da entidade.

d) Para que a informação seja _____, é necessário que os fenômenos sejam mensurados de forma semelhante ao longo do tempo pelas entidades.

e) Informação _____ é aquela que não pode ser selecionada, preparada ou apresentada em favor de um grupo de interesse de usuários em prejuízo de outro grupo.

f) Informação _____ significa que ela está disponível para a tomada de decisão antes de perder sua capacidade de influenciar as decisões.

g) Informação _____ é aquela que pode ser entendida por um usuário com grau de conhecimento razoável de contabilidade.

CAPÍTULO 3

MÉTODO DAS PARTIDAS DOBRADAS

OBJETIVOS DESTE CAPÍTULO

❶ Diferenciar atos administrativos de fatos contábeis.

❷ Apresentar os livros de registro contábil e o plano de contas.

❸ Explicar os conceitos de débito e crédito.

❹ Mostrar como se aplicam as partidas dobradas.

ANTES DE COMEÇAR...

O método das partidas dobradas é tão importante para a contabilidade que é muito comum usar os dois termos como sinônimos. O que pode parecer estranho é que não sabemos quem o criou, nem quando nem onde. Provavelmente o método surgiu em alguma cidade da atual Itália, talvez no século XIII. Sabemos quem escreveu o livro impresso que apresentou essa metodologia de registros pela primeira vez. Esta obra foi tão importante na divulgação do método que seus ensinamentos foram reproduzidos e copiados por muitas décadas. No início, eram os comerciantes e os banqueiros de Florença, Veneza e outras cidades da Itália que o usavam. Com o tempo, o governo e as pessoas também passaram a usá-lo. Nos dias atuais, mesmo com toda evolução tecnológica e econômica, as suas principais características ainda persistem. Isto é um sinal da sua relevância. Muitos pesquisadores consideram o surgimento das partidas dobradas como uma das ideias mais importantes da história da humanidade. Nós, autores deste livro, também acreditamos nisto.

INTRODUÇÃO

No Capítulo 1, vimos que o objetivo da contabilidade é fornecer informações sobre a posição patrimonial das entidades aos diversos usuários, internos ou externos, para auxiliá-los em seu processo de tomada de decisão. Mas, para alcançar esse propósito, várias etapas são necessárias até chegar às demonstrações contábeis. A primeira delas é analisar os eventos e fazer os registros dos fatos contábeis nos livros diário e razão.

Este capítulo explica o que é o método das partidas dobradas, técnica utilizada para fazermos esses registros. Como atualmente as empresas possuem muitas transações em sua rotina diária, os eventos são reconhecidos em sistemas computadorizados, que facilitam o trabalho do contador. Tem-se então maior rapidez na elaboração das demonstrações contábeis, além de mitigação dos erros que também poderiam ocorrer. Vimos no Capítulo 2 que uma das características qualitativas que melhoram a tomada de decisão é a representação fidedigna da realidade, que ocorre pela ausência de erros nas informações contábeis. Entretanto, minimizar erros não significa ficar totalmente livre deles. As informações processadas pelos computadores são inseridas por seres humanos, que eventualmente falham. Além disso, sabemos que os sistemas computacionais não são 100% corretos. Portanto, problemas nesse processo ainda ocorrem.

Nesse sentido, apresentamos o balancete de verificação, uma ferramenta bastante útil para auxiliar na tarefa de buscar os erros. E, quando eles são encontrados, é necessário que façamos a correção com o objetivo de deixar as demonstrações o mais corretas possível. Neste capítulo, também apresentamos alguns tipos de registros que podemos realizar com o objetivo de corrigir os erros.

3.1 O QUE SÃO FATOS CONTÁBEIS?

Vimos nos capítulos anteriores que a contabilidade é uma ferramenta utilizada pelas pessoas ou entidades com o objetivo de controlar seu patrimônio. Para termos sucesso nessa tarefa, todos os eventos que **alterarem** a posição desse patrimônio (mudar a equação contábil básica) precisam ser registrados pela contabilidade. Daí surge o que chamamos de **fatos contábeis.**[1] O pagamento do salário do funcionário, de uma conta de energia elétrica ou o recebimento de um cheque pelo serviço prestado são alguns exemplos de fatos contábeis. Note que, quando você recebe um cheque, há uma entrada de caixa e, quando você faz pagamentos, uma saída. Ou seja, de forma bem simplificada, você terá mais ou menos dinheiro, à medida que esses eventos forem acontecendo.

> OBJETIVO ❶
>
> **Diferenciar atos administrativos de fatos contábeis.**

Por outro lado, há diversas situações vivenciadas por uma empresa que não geram mudanças em seu patrimônio, por exemplo, assinaturas de documentos, contratos, acordos

---

1 Alguns autores chamam os fatos contábeis de **fatos administrativos** ou, ainda, de **eventos contábeis.**

com clientes ou fornecedores, bens enviados à assistência técnica, contratação de funcionários etc. Esses eventos, chamados de **atos administrativos**, poderão gerar impactos no futuro, mas não ali, quando ocorreram. Nesses casos, como não provocaram ainda nenhuma mudança no patrimônio, eles não são registrados.

Mas perceba que assinar um contrato de um plano de internet hoje ocasionará pagamentos pelo uso do serviço no futuro. Da mesma forma, contratar um funcionário hoje gerará despesa de salários no mês seguinte, pois o funcionário terá trabalhado. No caso da internet, por exemplo, um técnico fará a instalação. A partir do momento que inicia o consumo, sabemos que teremos uma fatura a pagar. É nesse momento que esses registros serão feitos, quando efetivamente os serviços começarem a ser prestados.

Figura 3.1 Atos e fatos ocorridos nas empresas

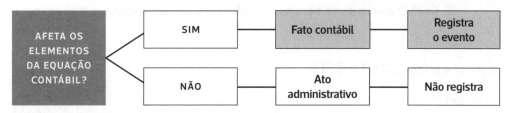

Fonte: elaborada pela autora.

CONECTANDO TEORIA E PRÁTICA

As pessoas, frequentemente, utilizam termos contábeis no cotidiano de maneira inadequada. Uma delas é o uso "inverso" dos termos débito, como saída de dinheiro, e **crédito**, como entrada. Outro exemplo é o termo **contabilizar**, que significa reconhecer um evento contábil por meio das partidas dobradas. Veja os trechos a seguir extraídos de sites de notícias:

- Cinquenta e **três buracos foram contabilizados** em todo o trecho da Rodovia Henrique Eroles e Doutor Prudente de Moraes (SP-66), em Suzano.[2]
- Bombeiros **contabilizam cerca de 100 árvores caídas** em Ribeirão Preto.[3]

A questão que surge é: de que forma podemos "contabilizar três buracos ou árvores caídas"? Qual seria a conta devedora e qual a credora? E quais seriam os valores para tais registros? Lembre-se que, para contabilizar um

---

2 LIMA, L. Apesar de manutenção realizada, SP-66 registra 53 buracos na pista. *Diário de Suzano*, jan. 2018. Disponível em: https://www.diariodesuzano.com.br/cidades/apesar-de-manutencao-realizada-sp-66-registra-53-buracos-na-pista/40656/. Acesso em: 12 abr. 2020.

3 THATHI.COM. Bombeiros contabilizam cerca de 100 árvores caídas em Ribeirão Preto. Disponível em: https://thathi.com.br/redacao/bombeiros-contabilizam-cerca-de-100-arvores-caidas-em-ribeirao-preto. Acesso em: 12 abr. 2020.

evento contábil, este deverá: 1. Afetar a equação contábil básica (ou seja, no ativo, passivo, ou patrimônio líquido da entidade); 2. Identificar qual o efeito nas contas (aumentativo, diminutivo ou misto); e 3. Que este evento possa ser mensurado com confiabilidade. Portanto, o termo adequado para as frases seria **contar** e não contabilizar.

PAUSA PARA REVISAR

1. Qual a diferença entre fato contábil e ato administrativo?
2. Como são classificados os fatos contábeis?
3. Cite três exemplos de situações contábeis que alteram a equação contábil básica.

3.2 LIVROS CONTÁBEIS

Na sessão anterior, falamos que os fatos contábeis que alteram a situação das contas do patrimônio são registrados pela empresa. Antes do desenvolvimento tecnológico, tais registros eram feitos à mão, em livros propriamente ditos. Hoje, a forma manuscrita já se tornou quase uma relíquia, dado o baixo custo dos computadores e *softwares* para registrar os eventos de forma sistematizada.

OBJETIVO 2
Apresentar os livros de registro contábil e o plano de contas.

Entretanto, apesar de a maioria dos contadores não fazer registros manualmente, e sim em sistemas informatizados, ainda dizemos que os registros são feitos em **livros**, pois, de períodos em períodos, eles são impressos, encadernados e arquivados pelas empresas.

Dentre os vários livros contábeis que utilizamos na rotina contábil das empresas, vamos apresentar três.

3.2.1 Livro caixa

O primeiro é o **livro caixa**, que tem por finalidade fazer os registros que envolvem recebimentos ou pagamentos, ou seja, que afetam a conta Caixa, como o próprio nome já diz. Trata-se de um livro auxiliar para fins contábeis, mas obrigatório para fins fiscais, especialmente para pequenas empresas, que devem manter a escrituração permanente e apresentar a um agente do governo (fiscal da receita) no momento de uma vistoria.

3.2.2 Livro diário

O **livro diário** é um livro obrigatório, no qual as empresas registram cronologicamente todos os fatos contábeis à medida que vão ocorrendo.

Para fazer o registro no diário, são necessários os seguintes elementos: a) data; b) conta a ser debitada; c) conta a ser creditada; d) histórico; e) valor. O Quadro 3.1 apresenta um modelo de registro no diário.

Quadro 3.1 Registro em livro diário

Data	Conta	Débito	Crédito
25/03/20X7	Mercadorias	3.000	
	Caixa		3.000
	Aquisição de mercadorias do fornecedor Brasil Ltda. conforme NF 2.953		

No Quadro 3.2, podemos verificar que, na segunda coluna, a conta Mercadorias está alinhada à esquerda, enquanto a conta Caixa está com um recuo. Isso significa que a conta alinhada é a conta devedora e a conta recuada é a credora. Todas as contas devedoras, por convenção, são registradas primeiro e, em seguida, vêm as contas credoras. Outra forma aceita e bem comum de se registrar em diário é por meio da utilização do artigo "a", em vez de recuo, para as contas credoras, como no Quadro 3.2.

Quadro 3.2 Outra forma de registro em livro diário

Data	Conta	Débito	Crédito
25/03/20X7	Mercadorias	3.000	
	a Caixa		3.000
	Aquisição de mercadorias do fornecedor Brasil Ltda. conforme NF 2.953		

Também pode-se usar os termos "débito", representado por (D), e "crédito", representado por (C), antecedendo às contas.

3.2.3 Livro razão

As empresas também devem utilizar o **livro razão** para registrar suas transações, sendo este outro livro obrigatório. Os registros dos eventos contábeis nesse livro são feitos com o objetivo de apurar o **saldo** final de cada conta, já que mostra o efeito acumulado dos eventos nas contas que foram movimentadas em determinado período.

Para fins didáticos, usamos a sua versão simplificada, denominada **razonete**. O razonete tem como formato de apresentação um "T", sendo o lado esquerdo o dos débitos, e o lado direito, dos créditos. Cada razonete recebe a denominação de uma conta. Caixa, Terrenos, Duplicatas a Pagar, Despesa de Energia são alguns exemplos de contas que aparecem na parte superior do T.

Figura 3.2 Forma gráfica de um razonete

Conta
Lado do débito	Lado do crédito

Fonte: elaborada pela autora.

As contas recebem registros a débito e a crédito, dependendo da sua **natureza** (explicaremos mais detalhadamente esse conceito no tópico 3.3 - Funcionamento das contas). Ao final, confronta-se os dois lados, de forma a chegar em um saldo que representa a diferença entre os dois lados. Suponha a conta Caixa, por exemplo, após todos os recebimentos (débitos) que totalizaram R$ 15.000 e pagamentos (créditos) de R$ 9.600. O saldo da conta será de R$ 5.400, (R$ 15.000 - R$ 9.600). Representa quanto há de dinheiro para a empresa, ao final do período. A apuração dos saldos finais das contas nos razonetes é necessária para elaboração das demonstrações contábeis.

CONECTANDO TEORIA E PRÁTICA

Como dissemos aqui, os livros contábeis são divididos quanto à sua utilidade em principais (obrigatórios) e auxiliares. Como livros principais, temos o diário e o razão. Já o livro caixa é um livro auxiliar, assim como os livros de registro de duplicatas, de controle de mercadorias, de contas-correntes, entre outros. Entretanto, como dissemos anteriormente, para fins fiscais, o livro caixa é considerado um livro obrigatório, principalmente para empresas optantes pelo sistema simplificado de tributação (Simples).

PAUSA PARA REVISAR

1. Qual a função do livro caixa?
2. Quais são os elementos necessários para fazer o registro de um fato contábil no livro diário?
3. Explique a finalidade do livro razão.

3.3 FUNCIONAMENTO DAS CONTAS

Viemos ao longo deste capítulo falando sobre contas. As **contas** são importantes para a contabilidade, pois permitem alcançar os objetivos de registro e controle dos eventos. Como foi introduzido na sessão anterior, para registrar os fatos contábeis de forma correta, precisamos conhecer o funcionamento e a natureza de cada conta. Podemos dividi-las em duas formas diferentes.

Na primeira, as contas são classificadas em: patrimoniais e de resultado. As **contas patrimoniais** são aquelas que aparecem no balanço patrimonial, ou seja, são as contas de ativo, passivo e patrimônio líquido. Já as **contas de resultado** são as receitas e despesas, utilizadas para apurar o lucro ou prejuízo do período, sendo apresentadas na Demonstração de Resultado do Exercício (DRE).

Outra forma de classificar as contas é quanto à natureza: se são **devedoras** ou **credoras**. Por convenção, adotamos que o lado esquerdo do balanço patrimonial é o lado devedor, enquanto o direito é o lado credor. Assim, as contas do ativo são de natureza devedora e as do passivo e patrimônio líquido, credora. De forma esquemática, teremos:

Figura 3.3 Natureza das contas

Balanço Patrimonial	
ATIVO	PASSIVO + PL
(Lado do débito)	(Lado do crédito)

Fonte: elaborada pela autora.

Com base nessa regra, as contas do ativo aumentam por meio de registros a débito e reduzem com créditos. Por outro lado, as contas do passivo e do patrimônio líquido são contas credoras. Assim, aumentam com registros a créditos e diminuem com débitos. A Figura 3.4 mostra essa regra de forma simplificada.

Figura 3.4 Efeito dos registros nas contas de ativo, passivo e patrimônio líquido

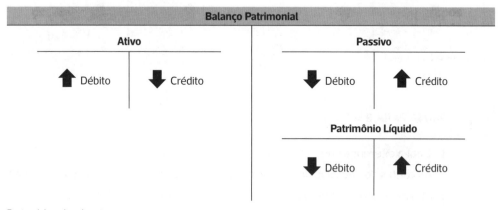

Fonte: elaborada pela autora.

Para as contas de resultado, precisamos estender essa convenção. Quando somamos todas as receitas e as confrontamos com todas as despesas de um período, obtemos o **resultado**. Quando as receitas são superiores às despesas, esse resultado é um **lucro**. Por outro lado, se as despesas superarem as receitas, o resultado é **prejuízo**.

Figura 3.5 Apuração do resultado

Fonte: elaborada pela autora.

Como dissemos no Capítulo 1, o patrimônio líquido é também denominado de origem de recursos dos proprietários. Assim, os lucros (ou prejuízos) são resultados gerados que pertencem aos proprietários, integrando, portanto, o grupo do patrimônio líquido. Por isso, um aumento no patrimônio líquido é registrado por meio de um crédito, enquanto uma redução é feita com um débito. Só que esses aumentos ou reduções não são feitos diretamente na conta de lucros, mas nas contas de resultado, como a receita de serviços ou despesas de salários, por exemplo.

Assim, temos a Figura 3.6 a seguir, que mostra o mecanismo de registro contábil para as contas de resultado.

Figura 3.6 Efeito dos registros nas contas de receitas e despesas

Receitas		Despesas	
⬇ Débito	⬆ Crédito	⬆ Débito	⬇ Crédito

Fonte: elaborada pela autora.

PAUSA PARA REVISAR

1. Qual a diferença entre conta patrimonial e de resultado?
2. As contas do ativo são de natureza credora ou devedora? Explique sua resposta.
3. Explique como é apurado o resultado do período e em que situação ocorre lucro.

3.4 FATOS CONTÁBEIS

Os fatos contábeis podem ser classificados em três tipos: permutativos, modificativos ou mistos. Para exemplificar, considere o seguinte Balanço Patrimonial inicial:

CAPÍTULO 3 | **MÉTODO DAS PARTIDAS DOBRADAS** 41

Balanço Patrimonial			
Ativo		*Passivo*	
Caixa	20.000,00	Contas a pagar	1.300,00
		Patrimônio Líquido	
		Capital social	18.700,00
Total do Ativo	20.000,00	Total do Passivo + PL	20.000,00

1. **Fatos permutativos:** são permutas entre as contas do ativo, do passivo, ou entre eles, mas que não alteram o valor do patrimônio líquido.

Exemplos:

a) Compra de mercadorias à vista no valor de R$ 3.000.

Balanço Patrimonial			
Ativo		*Passivo*	
Caixa	17.000,00	Contas a pagar	1.300,00
Mercadorias	3.000,00	*Patrimônio Líquido*	
		Capital social	18.700,00
Total do Ativo	20.000,00	Total do Passivo + PL	20.000,00

Perceba que esse evento só provoca uma permuta entre as contas do ativo: reduz o caixa e aumenta mercadorias, de forma que o total do ativo permanece o mesmo da situação inicial, de R$ 20.000.

b) Compra de computadores a prazo por R$ 7.000.

Balanço Patrimonial			
Ativo		*Passivo*	
Caixa	20.000,00	Contas a pagar	1.300,00
Máquinas	7.000,00	Financiamentos	7.000,00
		Patrimônio Líquido	
		Capital social	18.700,00
Total do Ativo	27.000,00	Total do Passivo + PL	27.000,00

Nesse caso, houve uma permuta entre contas do ativo – Máquinas e do passivo – Financiamentos, que provocaram um aumento no total do ativo e do passivo de R$ 7.000. Mas o patrimônio líquido, nos dois exemplos apresentados, permaneceu com o valor inalterado, de R$ 18.700.

FUNDAMENTOS BÁSICOS DE CONTABILIDADE

2. Fatos modificativos: esses fatos mudam a situação do patrimônio líquido, **aumentando** ou **diminuindo** seu valor.

Exemplos:

a) Fato aumentativo: recebimento por um serviço prestado à vista no valor de R$ 5.000.

Balanço Patrimonial			
Ativo		*Passivo*	
Caixa	25.000,00	Contas a pagar	1.300,00
		Patrimônio Líquido	
		Capital social	18.700,00
		Lucros acumulados	5.000,00
Total do Ativo	25.000,00	Total do Passivo + PL	25.000,00

Perceba que esse registro aumenta a conta do ativo – Caixa e do patrimônio líquido – Lucros acumulados. Verifique que o valor do patrimônio líquido inicial era de R$ 18.700 e houve uma mudança, que aumentou seu total para R$ 23.700. É por esse motivo que recebe a nomenclatura de **modificativo aumentativo**.

b) Fato diminutivo: pagamento de uma despesa de aluguel no valor de R$ 1.500.

Balanço Patrimonial			
Ativo		*Passivo*	
Caixa	18.500,00	Contas a pagar	1.300,00
		Patrimônio Líquido	
		Capital social	18.700,00
		Prejuízos acumulados	–1.500,00
Total do Ativo	18.500,00	Total do Passivo + PL	18.500,00

Nesse exemplo, há uma diminuição do ativo – Caixa e o patrimônio líquido – Prejuízos acumulados. Considerando, da mesma forma, que havia inicialmente um saldo de R$ 18.700 no patrimônio líquido da empresa e que ele se alterou para R$ 17.200, podemos observar que se trata de um fato **modificativo diminutivo**, visto que provocou a redução no patrimônio da empresa.

Podemos assumir, de forma objetiva, que as receitas representam fatos modificativos aumentativos, enquanto as despesas são fatos modificativos diminutivos. Entretanto, os fatos modificativos não se resumem a eventos referentes às receitas e despesas.

Caso os sócios decidam aumentar o capital social, doando um terreno à empresa, tal situação também provoca um aumento no patrimônio líquido. Por outro lado, caso os sócios decidam se retirar da sociedade, tal evento, de forma contrária, reduz o patrimônio da empresa.

CAPÍTULO 3 | **MÉTODO DAS PARTIDAS DOBRADAS**   43

3. Mistos: são os fatos que provocam mudanças entre as contas do ativo e/ou passivo e do patrimônio líquido ao mesmo tempo.

Exemplos:

a) Fato aumentativo: venda de mercadorias com valor de R$ 3.000 de custo (adquiridas no item a) por R$ 4.500 recebidos à vista.

Tal evento provoca um aumento no ativo – Caixa de R$ 4.500; reduz o ativo – Estoque em R$ 3.000; e aumenta o patrimônio líquido – Lucros Acumulados, em virtude de o preço de venda superar o custo do produto. Veja, portanto, que há uma permuta nas contas do ativo, Caixa e Mercadorias, e um aumento no total do patrimônio líquido, na conta Lucros Acumulados, em R$ 1.500.

b) Fato diminutivo: pagamento do financiamento referente à aquisição da máquina de R$ 7.000 (evento do fato permutativo b) com a incidência de juros de R$ 500.

Nesse caso, o evento provoca uma diminuição do ativo – Caixa em R$ 7.500, visto que será pago o valor da dívida acrescida dos juros incorridos. Há também uma diminuição do passivo – Financiamentos, em R$ 7.000, em virtude da liquidação da obrigação; e também reduz o total do patrimônio líquido, na conta de Lucros acumulados, em R$ 500, em virtude da despesa de juros.

3.5 PLANO DE CONTAS

Para uma empresa reconhecer todos os eventos que ocorrem nela, é necessário escolher quais contas serão utilizadas. A essa seleção denominamos **plano de contas**. O plano de contas não é um livro contábil, mas uma ferramenta utilizada pelos contadores para o adequado preenchimento dos livros.

Quadro 3.3 Plano de contas

1.	ATIVO
1.1	Caixa
1.2	Bancos
1.3	Duplicatas a receber
...	
2.	PASSIVO
2.1	Duplicatas a pagar
2.2	Salários a pagar
2.3	Impostos a pagar
...	
3.	PATRIMÔNIO LÍQUIDO
3.1	Capital Social
3.2	Lucros (prejuízos) acumulados
...	

Como podemos verificar no Quadro 3.3, as contas são codificadas. Esses códigos são criados visando atender à estrutura de agrupamento que a Lei n. 6.404/76 (e suas alterações posteriores) estabeleceu. Como dissemos anteriormente, hoje a contabilidade é feita de forma mecanizada. Esses códigos padronizam as contas e facilitam os registros, na medida em que os contadores inserem os códigos padronizados no sistema em vez de ter de digitar o título das contas, fator que demandaria um tempo bem maior para fazer o mesmo trabalho.

Grandes empresas tendem a ter mais fatos contábeis que empresas de menor porte, ou seja, quanto maior o porte, maior tende a ser o plano de contas das empresas. Quanto mais antigas as empresas forem, mais contas também podem ser requeridas. A administração também poderá desejar maior detalhamento nos registros da empresa. E, da mesma forma, quanto mais detalhes forem solicitados para realizar os registros, mais contas haverá em seu plano de contas.

A empresa poderá elaborar, a seu critério, um manual de contas, o qual mostraria a função de cada conta (porque ela existe), o funcionamento (situações em que se debita ou credita) e a natureza (se é devedora ou credora).

3.6 MÉTODO DAS PARTIDAS DOBRADAS

É muito comum usarmos os termos **débito** e **crédito** em nosso vocabulário cotidiano. Mas saber usá-los da forma correta pode não ser assim tão simples. Isso porque, em geral, as pessoas tendem a utilizar o termo débito com conotação negativa, visto que o seu extrato bancário retrata uma saída de dinheiro. Já o crédito, de forma contrária, representa uma entrada de dinheiro e, portanto, algo positivo.

OBJETIVO ❸

Explicar os conceitos de débito e crédito.

Além disso, no extrato são feitos registros em **partidas simples**. As partidas simples mostram apenas a visão unilateral dos eventos, ou seja, apontam que houve uma saída de dinheiro de R$ 20.000 pelo pagamento de um cheque ou uma entrada de R$ 170, referente a um depósito bancário. Mas é possível dizer, apenas olhando o extrato, o que foi pago ou recebido especificamente? A resposta é: não!

Dada essa impossibilidade de respostas é que, na prática, os fatos contábeis são registrados pelo **método das partidas dobradas**. Traduzindo, temos que cada evento gera um duplo efeito nas contas do patrimônio de uma pessoa ou entidade. Ou seja, uma única transação contábil será registrada em contas específicas a débitos e créditos. Esse mecanismo traz mais informações, pois mostra de onde vêm os recursos **(origem)** e para onde tais recursos irão **(aplicações)**. Em termos contábeis, temos que as origens de recursos são creditadas e as aplicações debitadas.

No exemplo anterior, uma saída de dinheiro de R$ 20.000 por um cheque compensado aparece no extrato com um (D), que significa um débito. Como o cheque foi utilizado para a compra de um terreno, é, então, onde a empresa aplicou seu recurso. Já a saída de dinheiro do banco é a origem de recursos. Portanto, será contabilizado um débito na conta Terrenos e um crédito na conta Bancos. Em resumo, temos:

Quadro 3.4 Representação contábil (D) e (C) – Situação 1

Data	Conta	Débito	Crédito
12/05/20X2	Terrenos	20.000	
	Bancos		20.000
	Aquisição de terreno na Av. América nº 62 com cheque 123.987		

No segundo caso, tivemos uma entrada de R$ 170, que tem um (C) no extrato, que corresponde a um crédito. Esse depósito decorreu de um recebimento de cliente por um serviço prestado no mês. Assim, refletindo sobre a pergunta "De onde vieram os recursos e para onde eles foram?", as respostas são: os recursos têm origem na prestação de serviço – Crédito – e estão aplicados no banco – Débito. Ou, como resposta contábil, temos:

Quadro 3.5 Representação contábil (D) e (C) – Situação 2

Data	Conta	Débito	Crédito
23/05/20X2	Bancos	170	
	Receita de serviços		170
	Recebimento por serviço prestado ao cliente LFO Ltda. com depósito na conta-corrente		

Como podemos observar, esse método traz equilíbrio entre os dois lados do balanço patrimonial, ou seja, garante que o lado do débito seja sempre igual ao lado do crédito.

CONECTANDO TEORIA E PRÁTICA

Da forma como vimos anteriormente, podemos então começar a acreditar que o banco faz uma contabilidade diferente da correta, certo? Errado! O que o banco faz é apresentar os eventos contábeis sob a "sua própria ótica" e não pela ótica do seu cliente. Considere que o banco receba um cheque que você depositou na conta que acabou de abrir. Embora haja a entrada de dinheiro para a instituição (o que seria um débito), você, enquanto cliente, representa para o banco um credor, que exigirá no futuro a devolução desse dinheiro. Portanto, o seu valor aplicado nada mais é para a instituição financeira que um passivo. E, como tal, é creditada sempre que houver novos aumentos (depósitos).

Outra forma de analisar os registros é quanto à natureza das contas, como vimos na seção anterior. Lá apresentamos que as contas de ativo são devedoras, ou seja, aumentam com débitos. Já as de passivo e patrimônio líquido são credoras, portanto, são aumentadas por registros a créditos.

Vamos retornar aos exemplos apresentados. No primeiro caso, houve a saída de dinheiro de R$ 20.000 para a aquisição de um terreno com um cheque. Sabemos que a conta Terrenos é um ativo. Há, portanto, um aumento no ativo e o registro é de um débito em Terrenos. Por outro lado, o pagamento diminui o saldo do banco, que também é ativo. Por isso, ocorre um crédito na conta Bancos.

Já no segundo exemplo, houve uma entrada de R$ 170 por um depósito bancário, decorrente do recebimento de uma receita. Já dissemos que a conta Bancos é um ativo e como há um aumento, o registro é um débito. Por outro lado, as receitas aumentam o patrimônio líquido da empresa, pois geram um lucro. E, para aumentar o patrimônio líquido, creditamos.

PAUSA PARA REVISAR

1. Diferencie plano de contas de elenco de contas quanto às suas funções.
2. Explique como funciona o método das partidas simples e por que ele não atende bem às questões dos usuários.
3. Como funciona o método das partidas dobradas?
4. Quais são os elementos que representam as origens e quais são as aplicações de recursos das empresas?

3.7 PROCESSO DE REGISTRO CONTÁBIL

A seguir, apresentamos alguns casos que exemplificam o processo de registro das transações contábeis. Para fazê-lo, é necessário:

OBJETIVO 4
Mostrar como se aplicam as partidas dobradas.

I. Analisar se o evento ocorrido se refere a fato contábil ou ato administrativo;

II. Sendo um fato contábil, registrá-lo no livro diário;

III. Em seguida, fazer o registro nos razonetes.

Consideremos alguns eventos ocorridos na BGS Ltda., uma empresa que presta serviços de limpeza, em fevereiro de 20X9. Para simplificar, não colocamos histórico nos registros dos eventos no livro diário.

Evento 1: Integralização do capital social pelos sócios, no valor de R$ 100.000 com um depósito em banco, no dia 01/02/20X9.

O primeiro passo (I) é verificar se o evento ocorrido é um fato contábil, que deverá ser registrado, ou apenas um fato administrativo. A análise é feita com base na equação contábil básica (A = P + PL). Se o evento gerar impacto, aumentando ou diminuindo o ativo, passivo ou patrimônio líquido, deverá ser registrado.

Analisando o Evento 1, percebemos que houve uma entrada de dinheiro depositado em uma conta-corrente da empresa (aplicação de recursos). Em contrapartida, a origem desses recursos vem de uma integralização do Capital Social. Portanto, houve um aumento no ativo e no patrimônio líquido.

Sendo um fato contábil, faremos o registro no diário (passo II). Como o banco é uma conta de ativo e está aumentando seu saldo em R$ 100.000, será debitado. Já o Capital Social é uma conta do patrimônio líquido, que é creditado por seu aumento.

No passo III, o registro do razonete é realizado como veremos a seguir:

a) É um fato contábil?

Sim, pois altera a equação patrimonial básica.

b) Elaborar o livro diário:

Data	Conta	Débito	Crédito
01/02/20X9	Bancos	100.000	
	Capital Social		100.000

c) Registrar em razonetes:

Veja que, no balanço patrimonial, a igualdade (A = P + PL) será mantida.

	Balanço Patrimonial		
	Ativo	*Passivo*	
Bancos	100.000		
		Patrimônio Líquido	
		Capital Social	100.000
Total	100.000	Total	100.000

Evento 2: Comprou em 05/02/20X9 materiais de limpeza que serão utilizados nos serviços por R$ 3.000 a prazo.

Neste evento, ocorreu a entrada de materiais de consumo (aplicação de recursos) por meio da aquisição de uma dívida (origem de recursos).

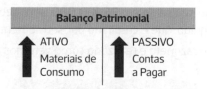

a) É um fato contábil?

Sim, pois altera a equação patrimonial básica.

b) Elaborar o livro diário:

Data	Conta	Débito	Crédito
05/02/20X9	Materiais de Consumo	13.000	
	Contas a Pagar		3.000

c) Registrar em razonetes:

Materiais de consumo		Contas a Pagar	
(2) 3.000			3.000 (2)

Evento 3: No dia 10/02/20X9, comprou máquinas para serem utilizadas na prestação de serviços por R$ 8.000 à vista.

O Evento 3 apresenta a compra de máquinas (aplicação de recursos) com seus próprios recursos financeiros (origem de recursos).

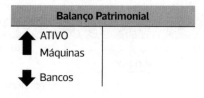

a) É um fato contábil?

Sim, pois altera a equação patrimonial básica.

b) Elaborar o livro diário:

Data	Conta	Débito	Crédito
10/02/20X9	Máquinas	8.000	
	Bancos		8.000

c) Registrar em razonetes:

Máquinas			Bancos	
(3) 8.000		(1) 100.000	8.000 (3)

Evento 4: Contratou uma secretária, no dia 11/02/20X9, que começará a trabalhar no mês de março e receberá um salário de R$ 1.500.

a) É um fato contábil?

Não, pois não afeta a equação contábil básica.

É apenas um ato administrativo e, por isso, não registra.

Evento 5: Prestou no dia 15/02/20X9 serviços recebidos à vista, por R$ 6.000.

Neste caso, houve a entrada de caixa (aplicação de recursos) por meio da prestação de serviços (origem de recursos).

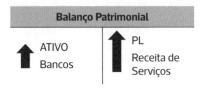

a) É um fato contábil?

Sim, pois altera a equação patrimonial básica

b) Elaborar o livro diário:

Data	Conta	Débito	Crédito
15/02/20X9	Bancos	6.000	
	Receita de Serviços		6.000

c) Registrar em razonetes:

Bancos			Receita de Serviços	
(1) 100.000	8.000 (3)			6.000 (5)
(5) 6.000				

Evento 6: Em 22/02/20X9, foram pagas despesas referentes a taxas da prefeitura, no valor de R$ 500.

No Evento 6, há uma despesa com taxas (aplicação de recursos) com recursos financeiros (origem de recursos).

a) É um fato contábil?

Sim, pois altera a equação patrimonial básica.

b) Elaborar o livro diário:

Data	Conta	Débito	Crédito
22/02/20X9	Despesa com Taxas	500	
	Bancos		500

c) Registrar em razonetes:

Despesa com Taxas			Bancos	
(6) 500		(1) 100.000	8.000 (3)	
		(5) 6.000	500 (6)	

Evento 7: Verificou no dia 28/02/20X9 que metade dos materiais de limpeza adquiridos foi consumida.

Assim como no Evento 6, aqui há uma despesa pelo consumo dos materiais (aplicação dos recursos) e a origem ocorre com os próprios materiais consumidos.

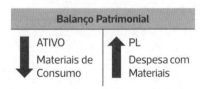

a) É um fato contábil?

Sim, pois altera a equação patrimonial básica.

b) Elaborar o livro diário:

Data	Conta	Débito	Crédito
28/02/20X9	Despesa com Materiais	1.500	
	Materiais de Consumo		1.500

c) Registrar em razonetes:

Despesa com Materiais		Materiais de Consumo	
(7) 1.500		(2) 3.000	1.500 (7)

Evento 8: Em 28/02/20X9, os sócios fizeram uma retirada, a título de pró-labore, de R$ 2.000.

O pró-labore se refere a uma espécie de despesa de salário dos proprietários. Há, em algumas situações, proprietários que não trabalham na entidade que criaram. Porém, na maioria das vezes, os proprietários optam por tocar seu negócio, abrindo mão de um salário efetivo. Mas é óbvio pensar que eles precisam de uma remuneração. Daí tem-se que a retirada dos sócios é a Despesa de Pró-Labore.

Perceba que não se trata ainda da destinação do lucro, pois não houve, nesse momento, a apuração do resultado, de forma a sabermos qual será lucro ou prejuízo.

Assim, nesse evento, temos que a aplicação dos recursos ocorre pela despesa com pró-labore e a origem de recursos é a conta bancária.

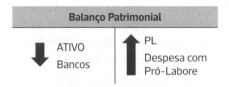

a) É um fato contábil?

Sim, pois altera a equação patrimonial básica.

b) Elaborar o livro diário:

Data	Conta	Débito	Crédito
28/02/20X9	Despesa com Pró-Labore	2.000	
	Bancos		2.000

c) Registrar em razonetes:

Despesa com Pró-Labore				Bancos		
(8)	2.000		(1)	100.000	8.000	(3)
			(5)	6.000	500	(6)
					2.000	(8)
				95.500		

Ao final do período, teremos todos os razonetes que foram movimentados. Como o objetivo é a elaboração das demonstrações contábeis, faz-se o somatório dos débitos e confronta-se ao lado dos débitos para a apuração dos saldos, assim como foi feito na conta Bancos. Verifique que o lado esquerdo teve R$ 106.000 de débitos contra R$ 10.500 de créditos. O saldo da conta é a diferença dos dois lados, ou seja, R$ 95.500. Esse é o valor que aparecerá no balanço patrimonial da empresa BGS Ltda.

3.7.1 Balancete de Verificação

Na prática contábil, as empresas apresentam inúmeros eventos contábeis ocorrendo o tempo todo. É claro que fazer um balanço patrimonial a cada fato ocorrido, mesmo com a facilidade dos sistemas computadorizados, torna-se inviável. Obviamente, as partidas dobradas garantem que o balanço sempre "bata", ou seja, que o ativo será sempre igual à soma do passivo e patrimônio líquido.

Dada essa grande quantidade de eventos, as empresas movimentam também, por consequência, um grande volume de contas ao longo de um período. Assim, faz-se necessário saber se os registros contábeis foram realizados com correção, antes da apuração do resultado e da elaboração das demonstrações contábeis. Uma ferramenta bastante útil para verificar a exatidão dos registros é o **Balancete de Verificação**.

O Balancete de Verificação tem por objetivo averiguar a igualdade matemática entre as contas devedoras e credoras. Ou seja, saber se o total dos créditos "bate" com o total dos débitos. A sistemática que se utiliza é a de elencar todas as contas que foram movimentadas ao longo do período em uma tabela, com seu respectivo saldo. O Quadro 3.6 traz o Balancete de Verificação da empresa BGS Ltda. ao final do período.

Além disso, vemos que a empresa obteve R$ 6.000 de receitas contra R$ 4.000 de despesas (R$ 500 + R$ 1.500 + R$ 2.000). Como as receitas superam as despesas, o resultado é de um lucro de R$ 2.000, que comporá o grupo do patrimônio líquido também no balanço.

Embora o Balancete de Verificação facilite bastante o trabalho do contador na tarefa de buscar os erros nos registros efetuados, ele apresenta algumas limitações, pois não identifica problemas do tipo:

- um registro feito corretamente no livro diário, mas em conta diferente no livro razão;
- um registro feito em duplicidade ou não registrado no livro diário;
- registrar o débito e o crédito no livro razão em contas corretas, mas com valores errados.

CAPÍTULO 3 | **MÉTODO DAS PARTIDAS DOBRADAS** 53

Quadro 3.6 Balancete de Verificação da empresa BGS Ltda.

Balancete de Verificação		
Contas	**Débito**	**Crédito**
Bancos	R$ 94.000	
Materiais de Consumo	R$ 3.000	
Máquinas	R$ 8.000	
Contas a Pagar		R$ 1.500
Capital		R$ 100.000
Receita de Serviços		R$ 6.000
Despesas com Taxas	R$ 500	
Despesas com Pró-Labore	R$ 2.000	
Total	*R$ 107.500*	*R$ 107.500*

3.7.2 Erros no reconhecimento dos eventos

E quando os erros são identificados, como é possível corrigi-los? A resposta é: por meio de novos registros. Vamos supor que, no Evento 1, os sócios tivessem aportado um capital de R$ 150.000 e não de R$ 100.000, como foi registrado. Nesse caso, percebeu-se em 02/02/20X9 que faltaram R$ 50.000 para completar o registro correto (registro feito **a menor**). Assim, basta um novo registro, com um **lançamento complementar**:

Data	Conta	Débito	Crédito
02/02/20X9	Bancos	50.000	
	Capital Social		50.000
	Lançamento complementar da integralização do Capital Social, efetuada no dia 01/02/20X9		

Outra situação é de valores lançados **a maior**. Vamos considerar o Evento 3 como exemplo, que informa uma compra de máquinas por R$ 8.000 à vista. Consideremos que o valor correto da máquina fosse de R$ 3.000. Veja que foi registrado um valor de R$ 5.000 a mais. Para corrigir, no dia 12/02/20X9, é necessário fazer um registro com um **lançamento retificador**, como a seguir:

Data	Conta	Débito	Crédito
12/02/20X9	Bancos	5.000	
	Máquinas		5.000
	Lançamento retificador da aquisição de máquinas, adquirida no dia 10/02/20X9		

Perceba que um débito em Máquinas de R$ 8.000, seguido de um crédito de R$ 5.000, fará com que o saldo final da conta seja R$ 3.000, que é o valor correto do ativo.

Outra possibilidade para corrigir um evento contábil é por meio de um **registro de estorno**. Vamos relembrar o Evento 7, que informa que a BGS Ltda. pagou despesas referente a taxas da prefeitura no valor de R$ 500. Consideremos que o evento na verdade se tratava de um pagamento de despesa de honorários contábeis e não de despesa com taxas.

Para corrigir o registro feito anteriormente, deve-se fazer dois novos registros: (1) um invertido, com o objetivo de anular o efeito do registro errado; e (2) o registro correto, como a seguir:

Data	Conta	Débito	Crédito
28/02/20X9	Bancos	500	
	Despesa com Taxas		500
	Despesas com Honorários Bancários	500	
	Bancos		500
	Estorno do registro efetuado no dia 28/02/20X9, referente a despesas com honorários contábeis.		

REVISANDO OS OBJETIVOS

1. **Diferenciar atos administrativos de fatos contábeis**

   Atos administrativos são aqueles eventos que ocorrem no cotidiano de uma empresa, mas que não alteram sua posição patrimonial. Já fatos contábeis são aqueles que alteram a posição patrimonial da empresa, ou seja, mudam os saldos das contas de ativos, passivos ou patrimônio líquido.

2. **Apresentar os livros de registro contábil e o plano de contas**

   Os atos contábeis são reconhecidos nos livros contábeis. Os principais livros são: livro caixa; livro diário e livro razão. Para fazermos esses registros, precisamos da utilização de várias contas. As empresas costumam criar um elenco de contas que serão movimentadas, que é denominado plano de contas.

3. **Explicar os conceitos de débito e crédito**

   Referem-se aos aumentos e reduções nos elementos do ativo, passivo e do patrimônio líquido. Mostra qual foi a origem dos recursos da entidade (créditos - C) e de que forma esses recursos estão sendo aplicados (débitos - D).

4. **Mostrar como se aplicam as partidas dobradas**

   Esse método se refere ao duplo efeito na equação contábil básica. Por ele, as contas de ativo e despesas são debitadas para aumentar e creditadas para diminuir; já as contas do passivo, patrimônio líquido e receitas são creditadas para aumentar e debitadas para diminuir.

CAPÍTULO 3 | MÉTODO DAS PARTIDAS DOBRADAS

📖 CONSTRUINDO SEU DICIONÁRIO

_____ ✏: são eventos que não provocam mudança no patrimônio e, por isso, não são registrados.

_____ ✏: tem por objetivo averiguar a igualdade matemática entre as contas devedoras e credoras.

_____ ✏: permitem alcançar os objetivos de registro e controle dos eventos.

_____ ✏: são aquelas que aparecem no Balanço Patrimonial, ou seja, são as contas de ativo, passivo e patrimônio líquido.

_____ ✏: são as receitas e despesas, utilizadas para apurar o lucro ou prejuízo do período, sendo apresentadas na Demonstração de Resultado do Exercício (DRE).

_____ ✏: são os eventos que alteram a posição do patrimônio (da equação contábil básica) e que precisam ser registrados pela contabilidade.

_____ ✏: são aqueles que provocam mudança entre ativos, passivos e o patrimônio líquido ao mesmo tempo.

_____ ✏: mudam a situação do patrimônio líquido, aumentando ou diminuindo seu valor.

_____ ✏: são fatos que provocam apenas uma permuta entre as contas do ativo, do passivo, ou entre eles, mas que não alteram o patrimônio líquido.

_____ ✏: lançamento para completar um registro anteriormente incorreto, feito a menor.

_____ ✏: para corrigir um registro feito a maior, faz-se um lançamento inverso, mas com o saldo da diferença, com o objetivo de reduzir o saldo registrado.

_____ ✏: tem por finalidade fazer os registros que envolvem recebimentos ou pagamentos, ou seja, que afetam a conta caixa.

_____ ✏: livro obrigatório, no qual as empresas registram cronologicamente todos os fatos contábeis, à medida que vão ocorrendo.

_____ ✏: tem por objetivo apurar o saldo final de cada conta, já que mostra o efeito acumulado dos eventos nas contas que foram movimentadas em determinado período.

_____ 🖉 : cada evento gera um duplo impacto no patrimônio de uma pessoa ou entidade. Esse mecanismo mostra de onde vêm os recursos (origem) e para onde eles irão (aplicações).

_____ 🖉 : mostra apenas a visão unilateral dos eventos, ou seja, aponta que houve uma saída de dinheiro, mas não indica onde tais recursos foram aplicados.

_____ 🖉 : elenco de contas utilizado pelos contadores para o adequado preenchimento dos livros.

_____ 🖉 : versão simplificada do livro razão, e tem como formato de apresentação um "T", sendo o lado esquerdo o dos débitos, e o lado direito, dos créditos. Cada "T" recebe a denominação de uma conta.

QUESTÕES DE REVISÃO

1. Os eventos que alteram a equação contábil básica são denominados:
a) Atos administrativos.
b) Fatos contábeis.
c) Partidas simples.
d) Partidas dobradas.

2. Os eventos que não alteram a equação contábil básica são denominados:
a) Atos administrativos.
b) Fatos contábeis.
c) Partidas simples.
d) Partidas dobradas.

3. Fatos contábeis que retratam mudanças entre as contas do ativo, do passivo, ou entre eles, mas que não alteram o patrimônio líquido são chamados de:
a) Permutativos.
b) Modificativos.
c) Mistos.
d) Atos administrativos.

4. Fatos contábeis que mudam a situação do patrimônio líquido, aumentando ou diminuindo o seu valor, são:
a) Permutativos.
b) Modificativos.
c) Mistos.
d) Atos administrativos.

5. Fatos contábeis que provocam mudança entre ativos, passivos e o patrimônio líquido ao mesmo tempo são:
a) Permutativos.
b) Modificativos.
c) Mistos.
d) Atos administrativos.

6. Livro contábil que tem por finalidade fazer os registros que envolvem recebimentos ou pagamentos:
a) Livro caixa.
b) Livro diário.
c) Livro razão.
d) Plano de contas.

7. Livro obrigatório, no qual as empresas registram todos os fatos contábeis à medida que vão ocorrendo:

   a) Livro caixa.
   b) Livro diário.
   c) Livro razão.
   d) Plano de contas.

8. Livro que tem o objetivo de apurar o saldo final de cada conta, mostrando o efeito acumulado dos eventos nas contas que foram movimentadas em determinado período:

   a) Livro caixa.
   b) Livro diário.
   c) Livro razão.
   d) Plano de contas.

9. Não é um livro contábil, mas uma ferramenta que padroniza as contas utilizadas pelos contadores para o adequado preenchimento dos livros:

   a) Livro caixa.
   b) Balancete de Verificação.
   c) Livro razão.
   d) Plano de contas.

10. Tem por objetivo averiguar a igualdade matemática entre as contas devedoras e credoras:

    a) Livro caixa.
    b) Balancete de Verificação.
    c) Livro razão.
    d) Plano de contas.

11. Com base nos livros contábeis, verifique a alternativa correta.

    a) O livro contábil que apresenta as movimentações patrimoniais agrupadas em contas de mesma natureza e de forma racional é conhecido como livro diário e é obrigatório por exigência legal.
    b) Na escrituração manual em partidas de livro diário, a conta debitada é colocada em primeiro lugar e a conta creditada abaixo, normalmente precedida da preposição "a". Dessa maneira, tem-se a distinção entre a conta debitada e a creditada, e não somente pela ordem de colocação.
    c) O livro razão é um livro obrigatório (exigido por lei) em todas as empresas. Registra os fatos contábeis em partidas dobradas em ordem rigorosamente cronológica do dia, mês e ano.
    d) Utiliza-se elaborar o balancete de verificação para ajudar no registro dos razonetes.

EXERCÍCIOS

1. Classifique as contas a seguir, quanto à sua natureza: devedoras (D) ou credoras (C); e se são contas patrimoniais (P) ou de resultado (R):

   a) (   ) Terrenos
   b) (   ) Bancos
   c) (   ) Despesas de Salários
   d) (   ) Lucros Acumulados
   e) (   ) Fornecedores
   f) (   ) Computadores
   g) (   ) Receita de Serviços
   h) (   ) Capital

i) ( ) Materiais de Consumo

j) ( ) Clientes

k) ( ) Empréstimos Bancários

l) ( ) Despesas de Aluguel

m) ( ) Receita de juros

n) ( ) Veículos

o) ( ) Custo da Mercadoria Vendida

2. Sabendo-se que um ato administrativo (AA) não altera a equação básica da contabilidade, ao contrário do fato contábil (FC), julgue os eventos a seguir:

a) ( ) Adquiriu mercadorias a prazo.

b) ( ) Comprou um terreno financiado.

c) ( ) Fechou um contrato de exclusividade com um fornecedor para compras futuras.

d) ( ) Prestou serviços à vista.

e) ( ) Contratou uma nova funcionária.

f) ( ) Assinou um contrato de aluguel, para ser utilizado por 6 meses.

3. Considerando os eventos a seguir, classifique-os em permutativos (P), modificativos (MO) ou mistos (MI):

a) ( ) Compra de máquinas à vista por R$ 6.000.

b) ( ) Pagamento da despesa de energia elétrica de R$ 300.

c) ( ) Recebimento de clientes, com juros, no valor de R$ 1.200.

d) ( ) Aquisição de mercadorias, a prazo, por R$ 250.

e) ( ) Os salários dos funcionários serão pagos no mês seguinte, de R$ 900.

f) ( ) Pagamento de dívidas com fornecedores, com 10% de desconto, no valor de R$ 7.000.

4. Faça os registros contábeis dos eventos a seguir em diário:

a) Aquisição de materiais de escritório, a prazo, por R$ 300.

b) Pagou despesas com seguros, no valor de R$ 700.

c) Pagamento de contas a pagar no valor de R$ 2.000.

d) Compra de terrenos com financiamento bancário por R$ 160.000.

e) Pagou antecipadamente a despesa de aluguel, que será utilizada em 3 meses de R$ 1.000 por mês.

f) Prestou serviços a prazo, no valor de R$ 1.200.

5. Um estagiário de contabilidade iniciou hoje em uma empresa e foi solicitado que ele elaborasse um Balancete de Verificação com os saldos iniciais do período. Ao perceber que o balancete "não bateu", o gerente chamou o contador responsável para checar tais informações:

	Devedor	Credor
Bancos	R$ 2.650,00	
Clientes	R$ 14.000,00	
Material de Consumo		R$ 1.800,00
Veículos	R$ 18.000,00	
Terrenos		R$ 51.000,00
Contas a Pagar		R$ 450,00
Empréstimos	R$ 8.500,00	
Capital	R$ 80.000,00	
Prejuízos Acumulados		R$ 1.500,00
	R$ 123.150,00	R$ 54.750,00

Com base nas informações anteriores, verifique quais foram os erros cometidos pelo estagiário e corrija o balancete.

CAPÍTULO 3 | MÉTODO DAS PARTIDAS DOBRADAS 59

6. Um auditor de impostos foi até uma empresa fazer uma fiscalização e pediu que o empresário apresentasse os seus livros contábeis. Ao verificar o livro diário, observou os seguintes eventos:

a)

Data	Conta	Débito	Crédito
20/01/20X3	Bancos	40.000	
	Capital Social		40.000

b)

Data	Conta	Débito	Crédito
25/02/20X3	Terrenos	20.000	
	Financiamentos Bancários		20.000

c)

Data	Conta	Débito	Crédito
12/05/20X3	Despesa de Aluguel	5.000	
	Bancos		5.000

d)

Data	Conta	Débito	Crédito
30/08/20X3	Bancos	1.200	
	Receita de Serviços		1.200

e)

Data	Conta	Débito	Crédito
06/10/20X3	Estoques	13.000	
	Fornecedores		13.000

f)

Data	Conta	Débito	Crédito
12/12/20X3	Bancos	10.000	
	Adiantamento de Clientes		10.000

Identifique quais foram os eventos registrados pela empresa em cada item.

7. Os saldos iniciais da Empresa Red, em 31/12/20X7, eram: Caixa – R$ 12.000; Clientes – R$ 5.000; Contas a Pagar – R$ 2.000; Capital Social – R$ 15.000. Ao longo de 20X7, ocorreram os seguintes eventos:

1. Pagamento de contas a pagar no valor de R$ 500.

2. Aquisição de materiais de escritório, a prazo, por R$ 450.

3. Recebimento dos serviços prestados no valor de R$ 3.200.

4. Pagamento de despesas de salários de R$ 1.200.

5. Clientes pagaram suas dívidas no valor de R$ 800.

6. Aquisição de máquinas a prazo no valor de, R$ 3.000.

Pede-se:

a) Faça os registros contábeis dos eventos em razonetes.

b) Elabore o Balancete de Verificação e aponte os saldos finais.

c) Apure o resultado do período.

CAPÍTULO 4

QUANDO A EMPRESA APRESENTA LUCRO?

OBJETIVOS DESTE CAPÍTULO

1. Apresentar os conceitos de receitas e despesas.
2. Diferenciar regime de caixa de regime de competência.
3. Detalhar o processo de ajuste.
4. Mostrar como apurar o resultado do exercício.

ANTES DE COMEÇAR...

Uma empresa possui um conjunto de ativos que usa em suas atividades. De tempos em tempos, a contabilidade dessa empresa faz uma análise para saber se durante determinado período o desempenho foi bom ou não. Essa análise é feita comparando o que a empresa conseguiu de receita e qual o valor das despesas. Se a diferença entre as receitas e a despesa for positiva, temos um lucro e dizemos que o desempenho foi bom. Se a comparação indicar que a empresa teve mais despesa que receita, temos um prejuízo; nesse caso, o desempenho não foi bom. Para sobreviver, a empresa deve gerar resultados positivos no tempo analisado. Prejuízos contínuos é um sinal de que há um risco de não continuar sua atividade.

Baseado na experiência dos autores, se tivéssemos de dizer qual medida oriunda da contabilidade é a mais importante, talvez nossa resposta a essa pergunta tão difícil seja o lucro. Mesmo muitas vezes sendo manipulado, questionado ou desprezado, o lucro ainda é a síntese do que ocorreu com uma empresa em um período. Talvez não seja a medida mais completa – seu cálculo ainda possui problemas, para alguns setores pode não ser a grande finalidade (caso do segundo e terceiro setor, conforme estudamos anteriormente) – mas essa é a medida contábil.

O leitor deve ter observado que utilizamos a palavra "talvez" no parágrafo anterior. Fizemos isso porque, apesar da relevância do lucro, é também importante ter as outras informações contábeis. E isso inclui a receita e a despesa do período.

INTRODUÇÃO

No Capítulo 3, iniciamos o estudo do método das partidas dobradas. Mostramos que os fatos contábeis devem ser registrados, pois alteram a posição do patrimônio das pessoas físicas ou jurídicas. Também vimos, no Capítulo 2, que as empresas são criadas com o objetivo de gerar lucros – um supermercado, por exemplo, tem como atividade operacional a venda de alimentos; um salão de beleza presta serviços de cabeleireiro; uma lavanderia lava as roupas dos clientes; um banco realiza empréstimos de recursos financeiros aos seus clientes. E vários outros exemplos como estes poderiam ser citados.

Assim, as empresas apresentam lucros quando, ao realizarem suas atividades, geram receitas maiores que as despesas incorridas. Mas para apurar o resultado do exercício, alguns ajustes são necessários. Este capítulo avança um pouco mais nos conceitos e critérios de reconhecimento das receitas e despesas do período, com o objetivo de apurar o resultado do período determinado.

4.1 CONTAS DE RECEITAS E DESPESAS

Vimos anteriormente que as contas são classificadas em: contas patrimoniais, aquelas apresentadas no balanço patrimonial, como Caixa, Veículos, Contas a pagar; e as receitas e despesas, que são contas de resultado e vão dar origem ao lucro ou prejuízo da empresa em um período. Essas contas compõem a Demonstração do Resultado do Exercício (DRE).

> **OBJETIVO ❶**
>
> **Apresentar as principais contas de receitas e despesas.**

Quando uma empresa vende mercadorias, é chamada de empresa comercial ou mercantil e sua principal receita é a receita de vendas. Já as empresas prestadoras de serviços obtêm a receita por serviços prestados ou apenas receita de serviços. A atividade operacional das instituições financeiras gera receitas financeiras. Além dessas principais, decorrentes da atividade operacional, há outros tipos de receitas que as empresas podem obter. É o caso de uma aplicação financeira ou do recebimento após o vencimento de uma duplicata que geram receita de juros ou da receita de aluguel de um imóvel que ela possui como investimento. Há ainda a receita pela venda de um veículo por um valor superior àquele que foi comprado, o que gera um ganho. Mas essas, em geral, são receitas ou ganhos complementares, pois as receitas relevantes são aquelas oriundas da sua atividade principal.

Com o objetivo de obter receitas, as empresas costumam fazer vários esforços. Dos exemplos anteriores, vamos retornar ao caso de uma lavanderia. Para obter receitas, será necessário um gasto com água, energia, aluguel de sala comercial, materiais de consumo, funcionários etc. Todos esses desembolsos financeiros são realizados para que a empresa preste o serviço e, consequentemente, receba por ele. A esses dispêndios realizados, denominamos despesas. Assim, a despesa de energia ocorre porque a empresa consome energia elétrica durante a realização do serviço. Terá despesa de salários, pois utiliza a mão de obra de seus funcionários. A despesa de aluguel ocorre porque uma sala comercial está sendo usada, assim como os materiais (sabão em pó, amaciante etc.), que geram uma despesa com materiais de consumo.

CAPÍTULO 4 | **QUANDO A EMPRESA APRESENTA LUCRO?** 63

Figura 4.1 Principais tipos de receitas

RECEITA DE VENDAS

RECEITA DE SERVIÇOS

RECEITA DE JUROS

RECEITA DE ALUGUEL

© iStock / Getty Images Plus / Beresnev, Macrovector, Ievgenii Volyk, DStarky

Fonte: elaborada pela autora.

Claro que o intuito das empresas é o de que suas receitas sejam superiores a todos os esforços depreendidos e, portanto, gerem lucro. Por isso, é necessário que elas conheçam muito bem seus custos e despesas, para que o preço cobrado pelos serviços prestados ou pelos produtos vendidos seja suficiente para cobrir todos esses gastos. Caso a empresa não controle seus gastos de forma adequada, ou não consiga precificar seus preços com exatidão, poderá ter prejuízo.

4.2 REGIMES DE CONTABILIZAÇÃO

Já vimos que na contabilização das receitas e despesas pelo método das partidas dobradas, as receitas são creditadas e as despesas são debitadas. Vimos que quando as despesas são à vista, creditamos a conta Caixa. Caso seja a prazo, o crédito será uma Conta a pagar. Mas há ainda uma terceira possibilidade: as despesas antecipadas. Por exemplo, para alugar uma sala comercial, a empresa teve de desembolsar seis meses de aluguel antecipados. Nesse caso, o desembolso

OBJETIVO ❷

Diferenciar regime de caixa de regime de competência.

FUNDAMENTOS BÁSICOS DE CONTABILIDADE

financeiro já ocorreu, mas a despesa não. Ao pagar, a empresa obtém o direito de usar a sala comercial por seis meses. Nesse caso, a empresa debita uma despesa antecipada de aluguel, que é uma conta do ativo, pois representa tal direito, e credita caixa pelo pagamento.

Com base nessas possibilidades, há uma questão que a contabilidade precisa responder: Quando a empresa deve reconhecer a despesa? No momento em que realizar o pagamento? Ao longo do período em que ocorrer a despesa (ou seja, que ela consumir esse direito)? Ou apenas reconhecer a despesa no término do contrato, após decorrido os seis meses?

Figura 4.2 Quando reconhecer a receita?

NO PAGAMENTO

AO LONGO DO USO

NO FINAL DOS 6 MESES

Fonte: elaborada pela autora.

Como resposta a essa pergunta, temos os dois regimes contábeis: o regime de caixa e o de competência. Vamos considerar o seguinte exemplo para explicar os dois regimes contábeis: a energia de uma empresa é consumida durante o mês de janeiro. Sua fatura é emitida no dia 31/01, com data de vencimento para fevereiro, no dia 10/02.

No regime de caixa, as receitas recebidas e as despesas pagas são contabilizadas no momento que ocorrem a entrada ou saída de caixa. No exemplo anterior, a despesa será contabilizada em fevereiro. Esse critério tem a limitação de só contabilizar as receitas e despesas que impactarem o caixa da entidade. A despesa de depreciação, por exemplo, não seria reconhecida, pois não há desembolso financeiro.

Para o regime de competência, as receitas e despesas são reconhecidas considerando o momento em que ocorre o fato gerador. Como o uso da energia ocorreu em janeiro, esse é o mês que reconheceremos a despesa de energia. Assim, dizemos que foi no mês de janeiro que ocorreu o fato gerador da despesa, ou seja, o consumo da energia.

Considere na no Quadro 4.1 o caso da Empresa BGS Ltda. que presta serviços de limpeza. Em março, a empresa prestou serviços no valor de R$ 7.000 com prazo para o recebimento de 30 dias. Para prestar o serviço, a empresa designa um funcionário e incorre em uma despesa de salários de R$ 4.000, paga em duas parcelas: março e abril.

Pelo regime de caixa, contabilizamos a despesa em março e abril, pois é quando os pagamentos são realizados. Já a receita é registrada apenas em abril, quando ocorre o recebimento.

Quadro 4.1 Diferença entre regime de caixa e regime de competência

	Regime de caixa		Regime de competência	
Março	Receita	0	Receita	7.000
	(–) Despesa	–2.000	(–) Despesa	4.000
	Lucro/prejuízo	–2.000	Lucro/prejuízo	3.000
Abril	Receita	7.000	Receita	0
	(–) Despesa	–2.000	(–) Despesa	0
	Lucro/prejuízo	5.000	Lucro/prejuízo	0

Ao adotar o regime de competência, reconhecemos a receita em março, pois é nesse mês que há a prestação do serviço. Como o funcionário trabalha para prestar o serviço, a despesa também é contabilizada em março. Como não houve serviços prestados em abril, a receita e despesa ficam com valores zerados. Perceba que o lucro foi de R$ 3.000. É o mesmo valor de quando adotamos o regime de caixa (-R$ 2.000 + R$ 5.000).

Pelo Quadro 4.1, as diferenças ocorreram quando olhamos apenas um período, como o mês de março que teve um prejuízo de R$ 2.000, para o regime de caixa, e um lucro de R$ 3.000, para o de competência. Porém, a escolha entre adotar o regime de caixa ou de competência, quando se analisa os dois períodos, não altera o lucro total apurado pela empresa. Portanto, a longo prazo, o efeito causado no reconhecimento das receitas e despesas entre os dois regimes se anulam. Se não há diferenças no longo prazo, então qual seria o melhor critério?

A escolha por qual regime adotar se vale da qualidade da informação que será gerada. Pelo regime de caixa, obtemos uma informação incompleta, já que as receitas e despesas a prazo não são registradas. Outro problema que surge é a contabilização das despesas antecipadas como sendo do período que houve o pagamento. No exemplo que demos anteriormente, de uma empresa que pagou pelo direito de usar uma sala por seis meses, todo esse valor seria contabilizado no mês em que o pagamento foi efetuado, mesmo sabendo que tal direito beneficiaria a empresa por todo o semestre. Portanto, para melhorar a qualidade da informação gerada na apuração do lucro é que adotamos o regime de competência.

CONECTANDO TEORIA E PRÁTICA

O regime de competência não é para os fracos. Sua utilização exige esforço e trabalho. Algumas das recentes mudanças que ocorreram nos últimos anos na contabilidade financeira, sob a forma de normas do Iasb, têm uma ligação com o uso desse regime de situações específicas. Mas lembre-se: é mais trabalho, mas também é informação melhor.

Voltando ao que dissemos antes, no longo prazo os lucros se equivalem. Então por que temos que escolher um dos dois critérios? A resposta decorre da necessidade de os administradores saberem, de tempos em tempos, qual o resultado gerado pela empresa. Por esse motivo é que se torna necessário dividir a vida das empresas em períodos mais curtos (um mês, um trimestre ou um ano). Esses intervalos temporais são denominados **ciclos** ou **períodos contábeis**.

Esse corte em períodos é necessário posto que a contabilidade adota a premissa de continuidade da empresa, ou seja, que a sua vida é indefinida ou perpétua. A medida de tempo é necessária, pois, de outra forma, só seria possível saber o resultado da empresa ao final de sua vida.

Portanto, a regra que a contabilidade adota para o reconhecimento da receita será sempre o seu período de ocorrência. Já para as despesas, podemos considerar as três possibilidades a seguir:

1. A despesa segue a receita: como o esforço para obter receita gera determinadas despesas, no momento que elas forem reconhecidas, registraremos também as despesas incorridas no mesmo período. É o caso das despesas com materiais de consumo ou de energia elétrica.

2. Proporcionalidade: há situações em que não dispomos de uma maneira adequada de apropriar a despesa com base na geração de receitas. É o caso do consumo de uma máquina, que geralmente é usada de maneira uniforme pelas empresas, ao longo dos meses. Assim, a despesa de depreciação poderá ser registrada de forma proporcional, com base no tempo total que se estima utilizá-la (por quantos anos pretende-se usá-la). Outro exemplo é a despesa com seguros. Em geral, são contratados para serem utilizados durante um ano, ou seja, são contabilizados mês a mês em valores proporcionais (1/12).

3. Diretamente no resultado: quando não é possível adotarmos nenhuma das regras anteriores, a despesa será reconhecida diretamente naquele período em que foi incorrida. Como exemplo, temos a despesa com o lançamento de um novo produto. Em determinado período, há gastos que a empresa realiza, mas ainda não tem a certeza de que terá um novo produto. Durante esse tempo de incerteza, todos os desembolsos realizados são contabilizados como despesa de pesquisa, registrada diretamente no momento que ocorreram. Quando houver a certeza de que o produto poderá ser lançado e comercializado, todos os gastos realizados não são mais reconhecidos como despesa, mas como um ativo (fase de desenvolvimento de novos produtos).

CONECTANDO TEORIA E PRÁTICA

Podemos observar que as empresas vêm aplicando cada vez mais recursos em publicidade e propaganda, com o objetivo de alcançar maiores receitas. Como exemplo, temos o relatório anual de 2017, no qual a Hypera Pharma informa um desembolso de "24,7% de sua Receita Líquida anual para Marketing, com aumento nominal de 11,5% em relação ao ano anterior".[1] Esse percentual representa nada menos do que 897,2 milhões de reais!

---

1 HYPERA PHARMA. Relatório anual 2017, p. 2. Disponível em: https://ri.hypera.com.br/hypera-pharma/relatorio-anual. Acesso em: mar. 2020.

Sabemos que os gastos com publicidade e propaganda podem beneficiar vários exercícios contábeis, pois não se sabe ao certo em que momento o cliente adquiriria o produto ou serviço. Como é o caso de uma cliente que olha revistas antigas em um consultório, enquanto aguarda ser chamada pelo seu médico e se depara, de repente, com algum produto "inovador". É por esse motivo que, mesmo sendo valores substanciais, os gastos com publicidade e propaganda são contabilizados como despesas no momento que incorrem, ou seja, como despesas do período e não como despesas antecipadas.

Em resumo, teríamos:

Figura 4.3 Possibilidades de reconhecimento pelo regime de competência

A DESPESA SEGUE A RECEITA	PROPORCIONALIDADE	DIRETO NO RESULTADO
▪ Despesa com Materiais ▪ Despesa de Energia Elétrica	▪ Despesa de Depreciação ▪ Despesa de Seguros	▪ Despesa com Publicidade ▪ Despesa com Pesquisa

Fonte: elaborada pela autora.

PAUSA PARA REVISAR

1. Diferencie empresas prestadoras de serviços de empresas mercantis.
2. O que é regime de caixa?
3. Por que a contabilidade adota o regime de competência? Explique-o.
4. Explique as três formas de reconhecimento da despesa.

4.3 AJUSTE CONTÁBIL

No capítulo anterior, apresentamos diversos exemplos de como são feitos os registros contábeis das situações ocorridas no cotidiano das empresas. E vimos que, ao final do período, é possível saber qual o resultado obtido com as suas operações. Entretanto, há alguns registros que ainda não foram feitos e que precisam ser contabilizados para que a demonstração do resultado apresente o resultado correto.

OBJETIVO ❸

Detalhar o processo de ajuste.

Estes registros se referem principalmente às despesas que ocorrem por proporcionalidade. Dissemos anteriormente que a utilização de uma máquina gera uma despesa de depreciação. Assim, a despesa é reconhecida a partir do momento em que a máquina começa a operar. Da mesma forma, também temos de reconhecer que, após um mês, o seguro que contratamos por um ano já não "vale" mais para os doze meses, mas por onze, pois tal direito é consumido com o passar do tempo. É daí que surgem os eventos de **ajuste**.

Esses eventos devem ser contabilizados em função do consumo dos ativos (como os de máquinas ou materiais) ou pela passagem do tempo (seguros, aluguéis, juros etc.). O registro contábil dos ajustes é sempre uma conta de resultado (receita ou despesa) e uma conta patrimonial (Materiais, Duplicatas a Receber, Depreciação Acumulada), exceto a conta Caixa, pois não estamos realizando pagamentos ou recebimentos. A exceção seria apenas a conta Bancos, quando se realizar a conciliação bancária, mas não trataremos desse assunto neste livro.

4.3.1 Tipos de ajustes

Os lançamentos de ajustes podem ser de quatro tipos:

1. Despesas antecipadas;

2. Receitas antecipadas;

3. Receitas a receber;

4. Despesas a pagar.

Vamos ver em detalhes cada um deles.

4.3.1.1 Despesas antecipadas

São despesas pagas, mas que ainda não foram utilizadas ou consumidas.

Figura 4.4 Despesas antecipadas

Fonte: elaborada pela autora.

Nesse caso, a empresa paga por despesas que vão beneficiá-la por mais de um mês. Na verdade, ainda não se trata de uma despesa, mas significa que a empresa adquiriu um ativo que expirará pelo uso, como no caso de aluguéis e seguros antecipados, ou pelo consumo, como os materiais e as máquinas ou móveis.

Ao final do período, a empresa faz o registro contábil do ajuste, para que os valores pagos antecipadamente em um período anterior sejam baixados, em virtude da redução desse bem ou direito.

CAPÍTULO 4 | **QUANDO A EMPRESA APRESENTA LUCRO?**   69

Vamos apresentar alguns exemplos de registros de despesas antecipadas.

Aluguel

A empresa BGS Ltda. fechou um contrato de aluguel em 01/03/20X9 e, por não possuir um fiador, pagou antecipadamente três meses por R$ 6.000.

Data	Conta	Débito	Crédito
01/03/20X9	Aluguéis Antecipados	6.000	
	Bancos		6.000

Em 31/03/20X9, a empresa reconhece o ajuste, referente à passagem do mês, que implica na redução de 1/3 desse direito:

Data	Conta	Débito	Crédito
31/03/20X9	Despesa de Aluguéis	2.000	
	Aluguéis Antecipados		2.000

Seguros

A empresa pagou no dia 02/03/20X9 seguros para suas máquinas, cujo contrato terá a validade de um ano, por R$ 1.200 com cheque.

Data	Conta	Débito	Crédito
02/03/20X9	Seguros Antecipados	1.200	
	Bancos		1.200

Ao final do mês de março, é necessário reconhecer que, dos doze meses assegurados, um mês se passou. Portanto, terá de fazer o ajuste para reconhecer que 1/12 do seguro foi consumido.

Data	Conta	Débito	Crédito
31/03/20X9	Despesa de Seguros	100	
	Seguros Antecipados		100

Materiais de consumo

No mês de fevereiro, em 05/02/20X9, mostramos que a empresa BGS Ltda. havia adquirido R$ 3.000 de materiais de consumo a prazo, sendo que o registro realizado naquela ocasião foi:

Data	Conta	Débito	Crédito
05/02/20X9	Materiais de Consumo	3.000	
	Contas a Pagar		3.000

FUNDAMENTOS BÁSICOS DE CONTABILIDADE

Constatamos em 28/02/20X9 que metade dos materiais foi consumida. O registro contábil do ajuste é:

Data	Conta	Débito	Crédito
28/02/20X9	Despesas com Materiais	1.500	
	Materiais de Consumo		1.500

Veículos

A empresa adquiriu em 02/03/20X9 um veículo para prestar serviços por R$ 48.000, com um financiamento bancário.

Data	Conta	Débito	Crédito
02/03/20X9	Veículos	48.000	
	Financiamentos Bancários		48.000

O veículo tem uma expectativa de vida útil de 10 anos. Reconhecemos que, com o uso, o potencial de gerar benefícios do veículo vai diminuído. É necessário então assumir a despesa de depreciação, que se refere ao diferimento do custo de aquisição do ativo ao longo do período que se espera que gerará receitas que, nesse caso, estima-se ser ao longo dos 10 anos. Considerando a despesa linear, o cálculo será: R$ 48.000/10 anos = R$ 4.800 ao ano. E o valor mensal é de R$ 400 (R$ 4.800 / 12 meses). O registro da despesa será:

Data	Conta	Débito	Crédito
31/03/20X9	Despesa de Depreciação	400	
	Depreciação Acumulada		400

Nos três casos anteriores, o crédito foi contabilizado na própria conta do ativo (aluguel, seguros e materiais). No caso dos bens de longa duração, como é o caso de móveis, máquinas e dos veículos, o registro a crédito é feito em uma conta redutora do ativo, denominada Depreciação Acumulada. E a conta Veículos mantém o seu valor de aquisição. Embora essa conta seja também de ativo, ela tem natureza credora, já que seu objetivo é mostrar o valor contábil líquido do bem. No balanço patrimonial, a conta será apresentada da seguinte forma:

Veículos	48.000
(-) Depreciação Acumulada	-400
Valor Contábil Líquido	47.600

4.3.1.2 Receitas antecipadas

São receitas que foram recebidas por serviços ou vendas que ainda não foram prestados/produtos entregues.

CAPÍTULO 4 | QUANDO A EMPRESA APRESENTA LUCRO?

Figura 4.5 Receitas antecipadas

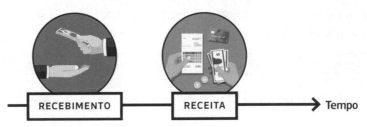

Fonte: elaborada pela autora.

Embora recebam a denominação de receitas, não se trata de uma conta de resultado, mas sim de um passivo (uma obrigação). A empresa recebe antecipadamente por um serviço que ainda será prestado ou por uma mercadoria que somente será entregue no futuro. Percebam que, nesse momento, a empresa adquire uma obrigação. Quando o serviço é prestado ou a mercadoria entregue, ocorre o fato gerador. E a empresa precisa, então, fazer o registro contábil, considerando que a obrigação foi cumprida.

Vejamos o exemplo da empresa BGS Ltda. que, em 10/02/20X9, recebeu antecipadamente por serviços que serão prestados em março e abril no valor de R$ 1.500.

Data	Conta	Débito	Crédito
10/02/20X9	Bancos	3.000	
	Receitas Antecipadas		3.000

No final de março, a empresa prestou 50% dos serviços. Temos de fazer o ajuste referente à baixa da obrigação, que já foi prestada:

Data	Conta	Débito	Crédito
31/03/20X9	Receitas Antecipadas	1.500	
	Receita de Serviços		1.500

4.3.1.3 Receitas a receber

São as receitas a prazo, que já são consideradas no resultado, pois a empresa prestou o serviço ou entregou um produto, mas que a entidade ainda não recebeu o dinheiro. Nesse caso, o fato gerador ocorre em um momento anterior à entrada de caixa.

Figura 4.6 Receitas a receber

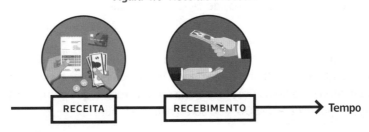

Fonte: elaborada pela autora.

Considere o exemplo da BGS Ltda., que em 23/03/20X9 prestou serviços no valor de R$ 4.500, que serão recebidos somente em 05/04/20X9:

Data	Conta	Débito	Crédito
13/03/20X9	Clientes	4.500	
	Receita de Serviços		4.500

Veja que, nesta data, a empresa reconheceu um direito de receber pelo serviço prestado no futuro. No dia 05/04/20X9, é feita a baixa do direito devido ao recebimento:

Data	Conta	Débito	Crédito
05/04/20X9	Bancos	4.500	
	Clientes		4.500

4.3.1.4 Despesas a pagar

São as despesas que já foram incorridas, mas que ainda não foram pagas. Pelo regime de competência, a empresa precisa reconhecer que a despesa incorreu no mês atual, embora o pagamento só ocorra no mês subsequente.

Figura 4.7 Despesas a pagar

Fonte: elaborada pela autora.

Esse é o caso de despesas de energia ou telefone, cujo consumo incorre ao longo de um mês, mas que a empresa só efetuará o pagamento no mês seguinte. Outros exemplos são salários e juros.

Vamos considerar alguns exemplos de despesas a pagar.

Salários

Os funcionários, em geral, trabalham durante um mês e as empresas têm até o quinto dia útil do mês seguinte para efetuar o pagamento. Vamos considerar o exemplo da empresa BGS Ltda., que havia contratado uma secretária em fevereiro e que começou a trabalhar no mês de março, no valor de R$ 1.500, que serão pagos em abril.

CAPÍTULO 4 | **QUANDO A EMPRESA APRESENTA LUCRO?** 73

Data	Conta	Débito	Crédito
31/03/20X9	Despesa de Salários	1.500	
	Salários a Pagar		1.500

No dia 05/04/20X9, a empresa emitirá um cheque para que os salários sejam pagos. O registro contábil será efetuado da seguinte forma:

Data	Conta	Débito	Crédito
05/04/20X9	Salários a Pagar	1.500	
	Bancos		1.500

Energia elétrica

A empresa consumiu energia elétrica durante o mês de março. Essa nota fiscal, de R$ 250, será paga em 07/04/20X9. Em 31/03/20X9, o registro contábil será:

Data	Conta	Débito	Crédito
31/03/20X9	Despesa de Energia	250	
	Energia Elétrica a Pagar		250

No mês seguinte, o pagamento é feito em débito automático e o registro será:

Data	Conta	Débito	Crédito
07/04/20X9	Energia Elétrica a Pagar	250	
	Bancos		250

Despesa de juros

A empresa BGS Ltda. adquiriu, em 05/02/20X9, materiais de consumo a prazo por R$ 3.000. Metade do pagamento foi feito em 28/02/20X9. O restante será pago em 05/04/20X9, com um acréscimo de juros de R$ 50. Assim, em 31/03/20X9, a empresa reconhece a despesa de juros:

Data	Conta	Débito	Crédito
31/03/20X9	Despesa de Juros	50	
	Contas a Pagar		50

No pagamento, em 05/04/20X9, o registro será:

Data	Conta	Débito	Crédito
05/04/20X9	Contas a Pagar	1.550	
	Bancos		1.550

4.3.2 Resumo dos ajustes

Como informamos, os eventos apresentados no dia 31/03/20X9 se referem aos ajustes. Esses registros são importantes para que o resultado do período seja corrigido e os saldos das contas patrimoniais não estejam sub ou superestimados. Veja o caso dos materiais, por exemplo.

Com base nos eventos que apresentamos aqui, as receitas e despesas registradas no dia 31/03/20X9, em virtude dos ajustes, levam a um resultado de R$ 450, como mostra a demonstração de resultado a seguir:

Quadro 4.2 Demonstração do resultado após os ajustes

Receita de Serviços	6.000
Despesa de Aluguéis	(2.000)
Despesa de Seguros	(100)
Despesa de Depreciação	(400)
Despesas com Materiais	(1.500)
Despesa de Salários	(1.500)
Despesa de Juros	(50)
Lucro Líquido	450

A DRE evidencia o lucro ou prejuízo líquido do período. Mas essa apuração também precisa ser realizada na forma contábil, ou seja, em débitos e créditos. É o que vamos apresentar na próxima seção.

PAUSA PARA REVISAR

1. Explique o que são ajustes.
2. Diferencie despesas antecipadas de despesas a pagar.
3. Explique por que receitas antecipadas é uma conta de passivo e não de resultado.

4.4 APURAÇÃO DO RESULTADO DO EXERCÍCIO

Vamos explicar quais os procedimentos contábeis necessários à apuração desse resultado nos razonetes. Até agora, apenas informamos que as contas de receitas são creditadas e as de despesas são debitadas. Ao contrário das contas patrimoniais, ao final de cada ciclo contábil, as contas de resultado precisam ser encerradas, ou seja, seus saldos precisam ser "zerados". Para encerrá-las, o procedimento de registro é o inverso: as contas de receitas são

OBJETIVO 4

Mostrar como apurar o resultado do exercício.

CAPÍTULO 4 | **QUANDO A EMPRESA APRESENTA LUCRO?** 75

debitadas e as de despesa são creditadas. Com base nas informações do balancete de verificação após os ajustes, verificamos quais são as contas de resultado que foram movimentadas no período, com o objetivo de fazer os registros de encerramento. Assim, nos razonetes, teremos:

Figura 4.8 Encerramento do resultado

Receita de Serviços		
	1.500	
	4.500	
(a) 6.000	6.000	
0		

Despesa de Aluguéis		
2.000	2.000	(b)
0		

Despesa de Seguros		
100	100	(c)
0		

Despesa de Depreciação		
400	400	(d)
0		

Despesa de Materiais		
1.500	1.500	(e)
0		

Despesa de Salários		
1.500	1.500	(f)
0		

Despesa de Juros		
50	50	(g)
0		

Resultado do Exercício			
(b)	2.000	6.000	(a)
(c)	100		
(d)	400		
(e)	1.500		
(f)	1.500		
(g)	50		
	5.550	6.000	
(h)	450	450	
		0	

Lucros Acumulados		
	450	(h)

O registro (a) se refere ao encerramento da conta de Receita de Serviços. O saldo total da conta é credor de R$ 6.000. Para encerrá-la, fazemos um registro a débito nessa conta, contra um crédito em Resultado do Exercício.

Em seguida, procedemos ao encerramento de todas as despesas. Vamos pegar o exemplo da Despesa de Aluguéis, que indicamos aqui como registro (b). O saldo da conta é devedor de R$ 2.000. No encerramento, creditamos essa conta e a contrapartida é um débito na conta de resultado do exercício.

Ao final, ao somar cada um dos dois lados do razonete da conta de Resultado do Exercício, vemos que há um saldo credor de R$ 6.000 contra R$ 5.550 devedor. A diferença dos

R$ 450 tem, portanto, saldo credor. Como a conta de resultado do exercício é uma conta transitória, também precisa ser encerrada. Assim, seu saldo é transferido para a conta patrimonial de lucros ou prejuízos acumulados (registro h).

No diário, temos os seguintes registros:

Data	Conta	Débito	Crédito
31/03/20X9	Receita de Serviços	6.000	
	Resultado do Exercício		6.000

Data	Conta	Débito	Crédito
31/03/20X9	Resultado do Exercício	5.550	
	Despesa de Aluguéis		2.000
	Despesa de Seguros		100
	Despesa de Depreciação		400
	Despesa de Materiais		1.500
	Despesa de Salários		1.500
	Despesa de Juros		50

Data	Conta	Débito	Crédito
31/03/20X9	Resultado do Exercício	450	
	Lucros Acumulados		450

No próximo período contábil, iniciamos todo esse processo novamente, abrindo novas contas de resultado e encerrando-as, para outra vez apurarmos o resultado do exercício. Esse processo é feito em cada ciclo contábil.

 REVISANDO OS OBJETIVOS

1. **Apresentar os conceitos de receitas e despesas**

    Receitas são os benefícios econômicos gerados às empresas pelo exercício da sua atividade operacional. Assim, temos que quando uma empresa vende mercadorias, tem a receita de vendas; as prestadoras de serviços obtêm receita de serviços; as instituições financeiras geram receitas financeiras etc. Com o objetivo de obter receitas, as empresas costumam fazer vários esforços. Esses dispêndios realizados são denominados despesas.

2. Diferenciar regime de caixa do regime de competência

Para o regime de caixa, são consideradas as receitas e despesas no momento que são recebidas ou pagas. Já para o regime de competência, as receitas e despesas são reconhecidas no momento que ocorre o fato gerador, ou seja, a prestação de serviços ou a venda para a receita; e o consumo dos recursos ou a passagem do tempo para a despesa.

3. Detalhar o processo de ajuste

Os ajustes são necessários para reconhecer determinados eventos que impactam o resultado, mas que ainda não impactaram o caixa, ou o contrário. Os ajustes são necessários em virtude dos seguintes casos: (1) Despesas a pagar – são as despesas a prazo, que já foram incorridas, mas que ainda não foram pagas; (2) Despesas antecipadas – são despesas pagas, mas que ainda não foram utilizadas ou consumidas; (3) Receitas a receber – são as receitas a prazo, que já são consideradas no resultado, mas que a entidade ainda não recebeu; (4) Receitas antecipadas – são receitas recebidas, mas que ainda não foram prestadas.

4. Mostrar como apurar o resultado do exercício

Ao final do ciclo contábil, as empresas precisam encerrar as contas de receitas e despesas e confrontar tais saldos em um razonete denominado "Resultado do Exercício". O saldo dessa conta, sendo credor, indica lucro do período. Já um saldo devedor refere-se a um prejuízo. Essa conta também é encerrada e seu saldo é transferido para conta patrimonial de lucros ou prejuízos acumulados.

CONSTRUINDO SEU DICIONÁRIO

_____ 🖉 : são eventos que devem ser contabilizados em função do consumo dos ativos (máquinas ou materiais) ou pela passagem do tempo (seguros, aluguéis, juros).

_____ 🖉 : trata-se do diferimento do custo de aquisição do ativo ao longo do período que se espera gerar receitas.

_____ 🖉 : são as despesas a prazo, que já foram incorridas, mas que ainda não foram pagas.

_____ 🖉 : são despesas pagas, mas que ainda não foram utilizadas ou consumidas.

_____ 🖉 : momento em que ocorre a prestação do serviço para as empresas prestadoras; ou a entrega do bem vendido pelas empresas comerciais; ou o consumo para as despesas, como a de energia.

_____: são as receitas a prazo, que já são consideradas no resultado, mas que a entidade ainda não recebeu.

_____: são as receitas recebidas por serviços que ainda não foram prestados.

_____: por esse regime, só são contabilizadas as receitas e despesas que impactam o caixa da entidade.

_____: as receitas e despesas são reconhecidas considerando o momento em que ocorreram e não apenas se houve ou não entrada ou saída de caixa.

QUESTÕES DE REVISÃO

1. Quando em uma empresa as receitas são inferiores às despesas, temos:
   a) Lucro.
   b) Prejuízo.
   c) Superávit.
   d) Ganho.

2. As contas que se referem a um período específico são chamadas:
   a) Patrimoniais.
   b) Permanentes.
   c) Bancos.
   d) Resultado.

3. A contabilidade estabelece períodos contábeis, pois:
   a) Nunca seria possível determinar o resultado de uma empresa.
   b) Seria necessário esperar toda a vida econômica do negócio ser encerrada para apurar o resultado.
   c) Sem períodos contábeis, as receitas sempre superariam as despesas.
   d) É necessário que as empresas façam os ajustes do período para encerrar o resultado.

4. O regime de caixa da contabilidade estabelece que:
   a) As receitas e despesas só são reconhecidas se forem recebidas ou pagas.
   b) Haverá um lucro maior do que aquele apurado pelo regime de competência.
   c) Sejam feitos ajustes nas contas de receitas e despesas no final do período.
   d) As contas patrimoniais e de resultado tenham saldos corretos ao final do período.

5. O regime de competência da contabilidade:
   a) Gera um lucro menor do que aquele apurado pelo regime de caixa.
   b) Estabelece que as receitas e despesas só são reconhecidas se forem recebidas ou pagas.
   c) Não é aceito pelo Comitê de Pronunciamentos Contábeis.
   d) Determina que as receitas sejam reconhecidas no período em que forem auferidas.

CAPÍTULO 4 | **QUANDO A EMPRESA APRESENTA LUCRO?** 79

6. Sobre o regime de competência, temos:

a) Receitas a receber é a receita que ainda não foi recebida e que também não foi considerada no resultado.

b) O processo de encerramento das contas refere-se ao procedimento realizado na contabilidade onde os saldos das contas patrimoniais são encerrados, sendo transferidos para a conta Lucros. Durante o encerramento, os saldos das contas temporárias são zerados.

c) Receitas e despesas referem-se a um dado período contábil e por este motivo são consideradas contas temporárias, sendo encerradas para a apuração do resultado.

d) Despesas diferidas é o tipo de despesa que já foi incorrida, mas que ainda não foi paga.

7. O reconhecimento da receita de venda é feito quando:

a) A nota fiscal for emitida.

b) O produto for entregue ao comprador.

c) O mais cedo possível, para atender à característica da tempestividade.

d) Os valores financeiros forem recebidos.

8. O reconhecimento dos ajustes se refere aos seguintes eventos:

a) Despesas e receitas antecipadas.

b) Receitas de serviços e receitas antecipadas.

c) Despesas a pagar e despesas financeiras.

d) Receitas a receber e receitas de vendas.

9. A Sra. Ana foi a uma escola de inglês fazer orçamentos para iniciar seus estudos. Nesse momento, a English Now já fez o registro da receita, com base na intenção da Sra. Ana em realizar a matrícula. Ao fazer o registro, a escola:

a) Não poderia realizar o registro, já que a Sra. Ana não pagou.

b) Superestimou o resultado, com o reconhecimento apenas da receita, sem a devida despesa.

c) Superestimou o resultado, ao considerar uma receita não incorrida.

d) Estava correta e apurando adequadamente o seu resultado.

10. Caso uma empresa não faça o ajuste de uma despesa a pagar, terá, por consequência:

a) Um ativo subavaliado.

b) Um passivo superavaliado.

c) As despesas subavaliadas.

d) Uma receita superavaliada.

11. Com relação ao Balancete de Verificação ajustado, podemos afirmar que:

a) É elaborado antes de os ajustes serem escriturados no livro diário e no livro razão.

b) Acelera a elaboração das demonstrações, pois já apresenta todos os ativos na coluna dos débitos e os passivos na dos créditos.

c) Faz parte do conjunto de demonstrações contábeis que é divulgado pelas empresas.

d) Auxilia na busca de possíveis erros nos registros contábeis de ajustes, facilitando a elaboração das demonstrações contábeis.

EXERCÍCIOS

1. A empresa BGS possuía em 31/12/20X0 um saldo de materiais de limpeza de R$ 200. No mês de janeiro, foram adquiridos R$ 800, sendo R$ 300 a prazo. Ao final do mês, a empresa fez o levantamento do estoque e constatou que havia R$ 210 de materiais. Calcule o valor da despesa.

2. A empresa BGS possui um edifício com saldo de R$ 140.000, com uma depreciação acumulada de R$ 80.000. O valor de mercado do edifício é de R$ 90.000. Qual o valor contábil líquido do bem?

3. Uma despesa antecipada de seguro foi paga em 02 de abril de 20X9, cuja vigência do contrato será de um ano, no valor de R$ 12.000. Segundo o regime de caixa, qual o valor da despesa de seguro que será registrada:
   a) em 02/04/20X9?
   b) em 31/12/20X9?

4. Uma despesa antecipada de seguro foi paga em 31 de outubro de 20X7, cuja vigência do contrato será de um ano, no valor de R$ 24.000. Que despesa de seguros será registrada segundo o regime de competência:
   a) em 31/10/20X7?
   b) em 31/12/20X7?

5. Ao final do ano, verificou-se que a empresa BGS apurou um lucro de R$ 12.000 antes dos ajustes. Foram identificadas as seguintes informações adicionais:
   1. O seguro do período era de R$ 600;
   2. A depreciação do período é de R$ 1.700;
   3. A despesa de água, internet e energia de janeiro foram de R$ 1.200 e serão pagas em janeiro;
   4. Os salários de dezembro totalizaram R$ 2.500 e não foram pagos.

   Faça os registros dos ajustes em diário.

6. Em 31 de dezembro de 20X7, o Balancete de Verificação da empresa BGS apresentava os seguintes saldos:

	Devedor	Credor
Materiais de Escritório	R$ 3.600,00	
Aluguéis Antecipados	R$ 12.000,00	
Receitas Antecipadas		R$ 9.000,00
Empréstimos Bancários		R$50.000,00

   Ao analisar as contas, observou-se que:
   1. O inventário de materiais apurou um saldo de R$ 700;
   2. Os aluguéis pagos em 01/09/20X7 se referem a seis meses antecipados.
   3. 70% das receitas antecipadas foram prestadas;
   4. A taxa de juros anuais sobre os empréstimos é de 10%. Eles foram contratados em 31/06/20X7.

   Faça os registros dos ajustes em diário.

7. A empresa de publicidade Flor e Cia Ltda. apresentou um Balancete em 30/11/20X0 com os seguintes saldos: Caixa = R$ 2.700; Bancos = R$ 1.400; Capital Social = R$ 30.600; Clientes = R$ 10.000; Contas a Pagar = R$ 500; Estoques = R$ 18.500; Notas Promissórias a Pagar = R$ 1.500.

CAPÍTULO 4 | QUANDO A EMPRESA APRESENTA LUCRO?

Durante o mês de dezembro ocorreram os seguintes eventos:

1. Efetuação de um aumento do capital depositando no banco o valor de R$ 4.000 e veículos de R$ 10.000.

2. Compra de estoques a prazo no valor de R$ 200.

3. Recebimento de um cheque de R$ 2.500 por serviços prestados à vista, depositado na conta da empresa no dia.

4. Pagamento de salários do mês com cheque de R$ 1.000.

5. Pagamento em dinheiro de R$ 500 das notas promissórias.

6. Aquisição de equipamentos no valor de R$ 5.000 a prazo.

7. Recebimento de clientes de R$ 3.000 em dinheiro.

8. Pagamento de pró-labore ao proprietário de R$ 2.000 em dinheiro.

Considere o seguinte plano de contas:

Aluguéis Antecipados – Aluguéis a Pagar - Caixa – Capital Social – Clientes – Computadores e Periféricos - Depósitos Bancários – Despesas com Pró-Labore - Despesas de Aluguel – Despesa de Energia Elétrica - Despesa de Salários – Despesa de Telefone – Equipamentos - Estoques - Fornecedores – Materiais de Consumo - Móveis e Utensílios – Notas Promissórias a Pagar - Receita de Serviços – Receitas Antecipadas – Salários a Pagar – Veículos.

Pede-se:

a) Abrir os razonetes com os saldos do início do período e fazer os registros contábeis.

b) Apurar os saldos das contas.

c) Elaborar o Balancete de Verificação da empresa.

d) Apurar o resultado do exercício (DRE).

e) Informar os valores após os eventos:

1. Das contas devedoras.

2. Do total do ativo.

3. Do total do passivo.

4. Do total do patrimônio líquido.

5. Do resultado do período.

8. A empresa Mecanismo S.A. apresentava, em 31/12/20X2, o seguinte Balancete de Verificação:

	Devedor	Credor
Caixa	500	
Bancos Conta Movimento	9.500	
Aplicações Financeiras – Curtíssimo Prazo	25.000	
Clientes	1.700	
Aluguéis Antecipados	3.000	
Seguros Antecipados	12.000	
Materiais de Consumo	1.550	
Móveis e Utensílios	30.000	
Instalações	45.000	
Contas a Pagar		4.000
Receitas Antecipadas		7.000
Empréstimos Bancários		40.000
Capital Social		60.000
Receita de Serviços		23.500
Despesas Gerais	6.250	
	134.500	134.500

Para a elaboração das demonstrações contábeis, são necessários os seguintes ajustes:

1. Os serviços prestados no mês, mas ainda não recebidos, totalizaram R$ 6.400.

2. A contagem física do estoque de materiais apresentou um saldo de R$ 400.

3. Os aluguéis, válidos para 10 meses, foram contratados em 01/05/20X2.

4. Os seguros antecipados se referem a 12 meses e foram contratados em 01/11/20X2.

5. A empresa prestou R$ 5.000 dos serviços já recebidos antecipadamente.

6. As despesas de água, energia e internet do mês de dezembro totalizam R$ 1.750 e serão pagas em jan./X3.

7. Os empréstimos foram captados em 01/07/20X2 e vencem em 20X3. Os juros são de 0,5% ao mês.

8. As instalações foram adquiridas em 02/01/20X2 e a taxa de depreciação é de 4% ao ano; já os móveis e utensílios foram adquiridos em 08/03/20X2 e a taxa é de 10% ao ano.

9. As aplicações financeiras apresentam juros de 8% ao ano e foram contratadas em 01/04/20X2.

10. A folha de pagamento de dezembro da empresa totalizou R$ 9.000 e os funcionários recebem no 5º dia útil de cada mês subsequente.

Pede-se:

a) Fazer os registros de ajustes no livro diário e nos razonetes.

b) Elaborar o Balancete de Verificação.

c) Fazer o encerramento do exercício e apurar o resultado.

d) Elaborar o Balanço Patrimonial e a Demonstração do Resultado do Exercício.

CAPÍTULO 5

COMO CONTROLAR OS ESTOQUES?

OBJETIVOS DESTE CAPÍTULO

1. Diferenciar inventário periódico de inventário permanente.
2. Mostrar como é realizado o controle de estoque.
3. Apresentar como são registradas as operações com mercadorias.
4. Explicar a regra do custo ou valor realizável líquido.

ANTES DE COMEÇAR...

Quando aprendemos contabilidade, inicialmente nossos estudos se voltam para uma empresa de prestação de serviço, pois esse é o tipo de empresa mais simples. Em um segundo momento, estudamos uma empresa comercial. A principal diferença entre os dois tipos de empresa é a presença de estoques. É bem verdade que em uma empresa de serviço existem estoques; mas a contabilidade desse ativo não é tão crucial quanto ocorre em um comércio. A atividade comercial sobrevive de comprar e vender mercadorias. Isto inclui situações como desconto, devolução, abatimento etc. Esse é o assunto que vamos estudar neste capítulo.

Você pode estar perguntando: Se a empresa que presta serviço é o tipo mais fácil em termos contábeis e a empresa comercial é estudada em um segundo momento, o que seria estudado em uma etapa seguinte? Respondemos: a indústria. Na indústria ainda tratamos dos estoques, mas temos a complexidade de lidar com sua transformação, de insumo para produto acabado. Neste livro, não vamos aprofundar essa questão. Isto é objeto de estudo da contabilidade de custo e existem tantos detalhes que geralmente não cabem em uma obra de contabilidade introdutória.

INTRODUÇÃO

Neste capítulo, iniciaremos o estudo de uma das contas mais importantes do ativo das empresas: a conta de estoques. As empresas podem apresentar a conta de estoques de diferentes formas. Consideremos inicialmente as prestadoras de serviços. Essas empresas, em geral, possuem na conta de estoques os materiais de consumo que serão utilizados na prestação do serviço. É o caso da BGS Ltda. que, para prestar seus serviços de limpeza, adquire detergente, diversos tipos de sabão, cloro etc.

No caso das indústrias, a conta de estoques é dividida em três subcontas: (1) a de matérias-primas, que são os bens utilizados em seu processo produtivo; (2) a de produtos acabados, que é a mercadoria que tem o processo de fabricação concluído e que já está pronta para venda; (3) a de produtos em elaboração, que se refere a uma unidade que ainda não pode ser comercializada por estar inacabada.

Vamos pensar em uma fábrica de calçados. A empresa adquire couro, cola, cadarço, ilhós etc. Esses itens compõem as **matérias-primas** que serão transformadas em sapatos ao longo de seu processo produtivo. Ao final do ciclo de produção, teremos os calçados prontos, que representam o estoque dos **produtos acabados**; mas, antes de termos o sapato finalizado, temos ainda um lote, no qual houve apenas o corte do couro pela máquina de corte. Nesse caso, trata-se de **produtos em elaboração**, pois o custo ali já não é mais o do couro, visto que foram empregadas horas de mão de obra, energia elétrica, depreciação da máquina etc. Tampouco ainda se trata de um calçado pronto para venda. O custo dos produtos acabados e em elaboração não é assim tão fácil de ser obtido. Precisamos da contabilidade de custos para determinar o valor desses itens, que serão contabilizados no estoque.

Já as empresas mercantis, ao contrário do que em geral ocorre com as empresas prestadoras de serviços, apresentam em seu balanço patrimonial uma conta de estoques com um valor considerável. Elas adquirem os produtos acabados das indústrias ou atacadistas por um preço de custo. Quando vendem, esse custo é denominado **custo das mercadorias vendidas (CMV)** e, em geral, refere-se à maior despesa das empresas comerciais. Ao vendê-los por um preço superior, as empresas obtêm uma **margem de lucro**. Trata-se dos estoques de mercadorias para revenda, que serão objeto de estudo deste capítulo.

As informações de estoque geradas pela contabilidade são úteis para: (1) determinar o custo dos produtos, com o objetivo de estabelecer o preço de venda corretamente; (2) saber a quantidade de mercadorias ainda disponíveis para a venda, para que novas compras sejam realizadas e aquelas com baixa rotatividade não sejam novamente adquiridas; (3) determinar o custo da mercadoria vendida e, por consequência, o lucro da empresa; (4) apurar os tributos sobre as vendas e sobre o lucro, para que sejam calculados e recolhidos de forma correta e no momento oportuno; (5) evitar perdas e/ou roubos desses ativos, que podem ocasionar sérios prejuízos às empresas. Esses motivos deixam claro porque controlar a conta de estoque é tão importante para as organizações.

CAPÍTULO 5 | **COMO CONTROLAR OS ESTOQUES?** 85

Perceba que as informações sobre estoques não são apenas necessárias para fins contábeis ou tributários, mas também para a boa gestão das empresas. Tais controles permitem que as empresas tomem as melhores decisões. Assim, o objetivo deste capítulo é apresentar como as empresas podem registrar e quais são os métodos para controlar seus estoques.

5.1 INVENTÁRIO DE ESTOQUES

Na literatura, existem duas formas possíveis para controlar os estoques: o **inventário periódico** e o **inventário permanente**. As empresas podem optar por qual critério utilizar. O que determina essa escolha é a relação de custo *versus* benefício da informação. O inventário permanente é bem mais informativo que o periódico, como veremos a seguir. Esse método apresenta um controle mais rígido e constante das entradas e saídas de estoque.

OBJETIVO ❶

Diferenciar inventário periódico de inventário permanente.

Esse fluxo de informações, no passado, era feito por meio de fichas de controle de estoques. Atualmente, o controle é realizado com o auxílio de equipamentos de informática, *softwares*, energia, funcionários etc. Com o avanço da tecnologia, adquirir computadores, impressoras e outras ferramentas tornou-se algo relativamente acessível para a maior parte das empresas. E é por esse motivo que, hoje, há maior utilização do inventário permanente.

Mas mesmo com o barateamento desses equipamentos, para algumas entidades esse desembolso ainda pode ser considerado alto. Isso porque não basta apenas adquirir as máquinas, mas contratar pessoas, comprar *softwares*, ou seja, é necessário também adquirir os recursos essenciais para que as máquinas operem com excelência. Portanto, o que determinará a escolha do critério será o tamanho da empresa e as características do seu estoque. Quanto mais caros forem os produtos, maior a necessidade de investir em melhores controles, como é o caso de concessionárias de veículos, joalherias e lojas de eletroeletrônicos. No caso de estoque de produtos de baixo valor, como o de uma papelaria ou sorveteria, esses investimentos podem ser considerados demasiadamente caros.

5.1.1 Inventário periódico

Pelo inventário periódico, as empresas reconhecem apenas as compras de estoques sempre que elas forem realizadas. Não há registro de baixa do estoque, referente às vendas. Portanto, a empresa não consegue saber, a qualquer momento, quantas unidades possuem de determinado produto nem o valor total do seu estoque. Para obtê-lo, a empresa faz a contagem física dos estoques ao final de um período, o balanço, com o objetivo de verificar quantas são as unidades que não foram vendidas.

Quadro 5.1 Levantamento do estoque final em 31/12/20X9 da BGS Ltda.

Produtos	Contagem física
Água sanitária Limpex	12
Desinfetante Sempre Limpo	1
Detergente Ágil	3
Desengordurante Limpíssimo	6
Esponja de aço Gold	9
Sabão em pó Donna	2
Sabão em barra Brilha Mais	7
Sacos de lixo Plastec 50 l	6

Por meio da contagem física, verificam-se quantas unidades ainda existem no estoque da empresa ao final do exercício. Assim, com a quantidade de estoque final, a empresa calcula o custo da mercadoria vendida, conforme Figura 5.1:

Figura 5.1 Equação do custo das mercadorias

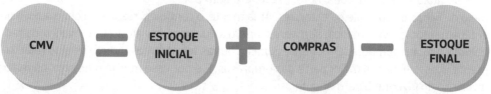

Fonte: elaborada pela autora.

É somente nesse momento que a empresa consegue obter a informação do resultado gerado por suas operações. Sem o inventário de estoques, as empresas não conseguem saber se obtiveram lucro ou prejuízo. Por isso, ao final do período, as empresas fazem os registros contábeis necessários para baixar o estoque, a fim de que ele apresente o saldo final apontado na contagem física.

Veja que esse método é mais simples e pouco informativo. Em geral, ele é utilizado por pequenas empresas, cujos produtos são de valores mais baixos, como mercados locais, padarias ou armarinhos. Ter um sistema informatizado com funcionários treinados e *software* para controlar pães não seria muito viável. Porém, se considerarmos que a padaria tenha outros produtos mais caros, como vinhos e queijos nobres, um controle mais rígido de estoque já pode se tornar relevante. Então surge uma segunda opção: o inventário permanente.

5.1.2 Inventário permanente

Dada essa ausência de controle e, principalmente, de informações mais tempestivas, temos a opção do inventário permanente. Por meio desse método, as empresas não controlam apenas suas compras, mas, a cada venda realizada, é feita a baixa dos custos dos seus estoques vendidos por um sistema de **fichas de controle de estoque**. Assim, a qualquer momento, a empresa sabe quanto há em estoque e o resultado gerado com a venda: se houve lucro ou prejuízo.

Para as empresas que adotam o inventário permanente, a contagem física do estoque não é necessária para fins de saber qual o saldo final da conta, visto que essa informação pode ser obtida nas fichas de controle. Mesmo assim, é interessante que, de tempos em tempos, elas também realizem um balanço, a fim de conferir se a quantidade que está informada em seus relatórios é exatamente aquilo que se tem fisicamente nas prateleiras. Esse processo faz parte do controle interno para constatar tanto erros de registros quanto furtos ou perdas nos estoques. Nesses casos, ao constatar a diferença entre os dois valores, a empresa precisará baixar o estoque, para que ele reflita a quantidade correta, com um registro de perda de estoques, levada para o resultado do período que se constatou a "quebra de estoque".

Hoje em dia, com a redução dos custos de informatização e sistematização, as empresas têm optado, cada vez mais, pela utilização do inventário permanente. Mesmo assim, ainda falamos no uso de "fichas de controle dos estoques". Da mesma forma que ainda se mantém a terminologia adotada para os livros, não houve alteração deste termo, mesmo que a cada dia o uso das fichas em papel esteja quase em total desuso.

Considere o caso dos supermercados, por exemplo. Sempre que determinado produto passa pela esteira do caixa, o funcionário da empresa faz a saída de estoque, por meio da leitura dos códigos de barras dos produtos vendidos. Com isso, já é possível determinar quantas unidades ainda restam nas prateleiras. E com o confronto entre o custo e a receita, temos a apuração do resultado a cada venda realizada.

PAUSA PARA REVISAR

1. Por que é importante para as empresas controlarem seus estoques?
2. O que significa CMV e como é calculado?
3. Diferencie inventário periódico de inventário permanente.

5.2 COMPRAS E VENDAS DE ESTOQUES

As empresas precisam controlar suas compras e vendas de estoque. Mas há também outros eventos que impactam as compras e vendas de mercadorias. Vamos apresentar quais são esses eventos:

OBJETIVO ❷

Apresentar como são registradas as operações com mercadorias.

- **Devolução de mercadorias:** quando um produto é adquirido com defeito ou, ao recebê-lo, não se refere ao que foi encomendado, o comprador poderá efetuar a **devolução**. Nesse caso, ocorre a entrada, pela aquisição, e a saída imediata da mercadoria ao fornecedor, já que esta não condiz com o produto que se esperava.

FUNDAMENTOS BÁSICOS DE CONTABILIDADE

- **Abatimento de mercadorias:** há situações em que a mercadoria comprada não se refere às especificações do produto adquirido ou há leves defeitos, como arranhões ou amassados, que não interferem na utilização do produto. Nesse caso, o comprador decide manter a compra, desde que o vendedor concorde em reduzir o preço de aquisição pago pelo produto. Essa redução no preço se refere a um **abatimento**.

- **Desconto comercial:** na negociação de uma compra, a empresa vendedora pode concordar em reduzir o preço de venda dos seus produtos em virtude da negociação. Suponha que determinado produto custe R$ 1,20 a unidade. Como o comprador decidiu levar 100 unidades, o vendedor concordou em conceder um desconto de R$ 0,20 por cada item. Assim, calcula-se um desconto de R$ 20,00 sobre a compra. Esse tipo de desconto é também denominado **desconto incondicional**.

- **Fretes e seguros:** ao adquirir produtos de outras localidades, as empresas podem incorrer em custos adicionais, como os de fretes, seguros, taxas aduaneiras, entre outros. Esses dispêndios, quando incorridos, são adicionados ao custo das mercadorias. Quando a empresa vendedora é a responsável pelo pagamento do frete para a entrega do produto ao comprador, esse frete é uma despesa sobre vendas.

- **Desconto financeiro:** ao contrário do desconto comercial, esse desconto somente ocorre quando há uma antecipação do pagamento ou do recebimento de uma duplicata. Suponha que o cliente tenha uma duplicata de R$ 5.000 a ser liquidada em 90 dias. Caso o cliente decida pagar antecipadamente, terá uma redução de R$ 200. Nesse caso, trata-se de um **desconto condicional**, já que a empresa só obtém o benefício por pagar antes do prazo determinado.

Vamos apresentar agora como esses eventos são registrados pelas empresas quando ela opta por controlar seus estoques utilizando o inventário permanente.

5.2.1 Contabilização com o inventário permanente

No inventário permanente, todos os eventos que envolvem as compras de mercadorias são registrados na conta Estoques. E na venda de mercadorias, fazemos dois registros simultâneos: da receita de vendas e da baixa dos estoques. Considere os eventos a seguir:

Evento 1: Compra de mercadorias

No dia 12/05/20X9, a empresa BGS Ltda., que é uma prestadora de serviços, decidiu se tornar uma empresa comercial e adquiriu estoques de produtos de limpeza para revenda. A compra de 1.000 unidades do sabão em pó Limpa Tudo, no valor total de R$ 2.000, foi realizada a prazo. O registro contábil é:

Data	Conta	Débito	Crédito
12/05/20X9	Estoques	2.000	
	Fornecedores		2.000

CAPÍTULO 5 | **COMO CONTROLAR OS ESTOQUES?** 89

Perceba que esse registro é semelhante ao que vimos nos capítulos anteriores, quando a empresa adquiriu mercadorias para consumo. Esse evento é registrado em sua ficha de controle de estoque da seguinte forma:

Data	Histórico	Entrada			Saída			Total		
		Quant.	Valor unitário	Valor total	Quant.	Valor unitário	Valor total	Quant.	Valor unitário	Valor total
12/05/20X9	Compras	1.000	2,00	2.000,00				1.000	2,00	2.000,00

A compra de mercadorias representa uma entrada de produtos para o estoque da empresa, por isso é apresentada nas colunas de entrada. O valor total é a multiplicação da quantidade adquirida pelo valor unitário.

Evento 2: Frete sobre compras

A empresa pagou um frete sobre a compra no valor de R$ 200 nesta data.

Data	Conta	Débito	Crédito
12/05/20X9	Estoques	200	
	Caixa		200

O valor do frete será somado ao custo dos estoques, na medida em que eles são necessários para que os produtos estejam em seu estabelecimento. Por isso já registramos o valor do desembolso diretamente na conta de estoques. Assim, na ficha de controle de estoque, esse valor será registrado da seguinte forma:

Data	Histórico	Entrada			Saída			Total		
		Quant.	Valor unitário	Valor total	Quant.	Valor unitário	Valor total	Quant.	Valor unitário	Valor total
12/05/20X9	Compras	1.000	2,00	2.000,00				1.000	2,00	2.000,00
12/05/20X9	Frete sobre compras			200,00				1.000	2,20	2.200,00

Como o frete aumenta o custo da compra sem alterar as unidades adquiridas, é necessário recalcular o custo unitário dos produtos. Assim, cada unidade deixa de custar R$ 2,00 e passa a ter um custo de R$ 2,20 pela diluição do frete sobre compras às 1.000 unidades adquiridas.

Evento 3: Devolução de compras

No dia 13/05/20X9, ao receber os produtos adquiridos no dia anterior, a empresa BGS Ltda. constatou que 100 unidades estavam com o lacre rompido e as devolveu ao fornecedor (no total de R$ 200). O registro contábil é:

FUNDAMENTOS BÁSICOS DE CONTABILIDADE

Data	Conta	Débito	Crédito
13/05/20X9	Fornecedores	200	
	Estoques		200

A devolução de compras entra na coluna das entradas, com sinal negativo, para identificar o retorno das unidades compradas. Lembre-se que cada unidade teve um acréscimo de R$ 0,20 decorrente do frete da compra (Evento 2), pagos pela empresa BGS. O valor do frete decorrente das unidades devolvidas deve ser considerado como despesa operacional e não como custo dos produtos restantes. Por esse motivo, subtraímos o valor de R$ 20,00 da ficha de controle. Para o registro, debitamos despesa e creditamos estoques.

Data	Histórico	Entrada			Saída			Total		
		Quant.	Valor unitário	Valor total	Quant.	Valor unitário	Valor total	Quant.	Valor unitário	Valor total
12/05/20X9	Compras	1.000	2,00	2.000,00				1.000	2,00	2.000,00
12/05/20X9	Frete sobre compras			200,00				1.000	2,20	2.200,00
13/05/20X9	Devolução de compras	(100)	2,00	(200,00)				900	2,22	2.000,00
	Despesa de fretes			(20,00)				900	2,20	1.980,00

Evento 4: Abatimento sobre compras

O fornecedor, ao receber os produtos em devolução, percebeu a insatisfação da empresa e decidiu conceder um abatimento sobre a venda à BGS Ltda. no valor de R$ 270, com o objetivo de fidelizar o cliente.

Data	Conta	Débito	Crédito
13/05/20X9	Fornecedores	270	
	Estoques		270

Como o abatimento reduz o custo dos estoques, o valor é creditado diretamente na conta de estoque. E na ficha de controle teremos:

Data	Histórico	Entrada			Saída			Total		
		Quant.	Valor unitário	Valor total	Quant.	Valor unitário	Valor total	Quant.	Valor unitário	Valor total
12/05/20X9	Compras	1.000	2,00	2.000,00				1.000	2,00	2.000,00
12/05/20X9	Frete sobre compras			200,00				1.000	2,20	2.200,00
13/05/20X9	Devolução de compras	(100)	2,00	(200,00)				900	2,22	2.000,00
	Despesa de fretes			(20,00)				900	2,20	1.980,00
13/05/20X9	Abatimento de compras			(270,00)				900	1,90	1.710,00

CAPÍTULO 5 | **COMO CONTROLAR OS ESTOQUES?** 91

Verifique que o abatimento também entra com valor negativo na coluna de entradas. Esse evento apenas altera o valor total das unidades adquiridas, já que não há redução da quantidade, como ocorre com a devolução. Assim, o custo unitário é reduzido de R$ 2,20 para R$ 1,90.

Evento 5: Vendas de mercadorias

A BGS Ltda. realizou uma venda de produtos a prazo no valor total de R$ 2.100 (600 unidades a R$ 3,50 cada) no dia 24/05/20X9.

Data	Conta	Débito	Crédito
24/05/20X9	Clientes	2.100	
	Receita de Vendas		2.100
	CMV	1.140	
	Estoques		1.140

Como dissemos anteriormente, quando a empresa efetua uma venda, dois registros são realizados. O da receita de venda a prazo é semelhante ao que já fizemos nos capítulos anteriores. O registro de baixa do estoque é feito creditando estoques e debitando uma conta de despesa, que, no caso de mercadorias para revenda, é o Custo das Mercadorias Vendidas (CMV). Como o custo unitário dos produtos é de R$ 1,90, temos um CMV de R$ 1.140, conforme se observa na ficha de controle de estoque a seguir:

Data	Histórico	Entrada			Saída			Total		
		Quant.	Valor unitário	Valor total	Quant.	Valor unitário	Valor total	Quant.	Valor unitário	Valor total
12/05/20X9	Compras	1.000	2,00	2.000,00				1.000	2,00	2.000,00
12/05/20X9	Frete sobre compras			200,00				1.000	2,20	2.200,00
13/05/20X9	Devolução de compras	(100)	2,00	(200,00)				900	2,22	2.000,00
	Despesa de fretes			(20,00)				900	2,20	1.980,00
13/05/20X9	Abatimento de compras			(270,00)				900	1,90	1.710,00
24/05/20X9	Venda				600	1,90	1.140,00	300	1,90	570,00

Perceba que, como se trata de uma venda de mercadorias, o valor é registrado na coluna de saída. Como havia 900 unidades e estamos vendendo 600 nesta data, restaram 300 unidades em estoque. Portanto, o saldo da conta de estoques que teremos no balanço patrimonial da BGS Ltda. será de R$ 570,00, pois representa o seu saldo final.

Evento 6: Frete sobre vendas

Com o objetivo de fidelizar seu cliente, a BGS resolveu promover a entrega dos produtos vendidos, incorrendo em um pagamento de R$ 100, referente ao pagamento do frete:

Data	Conta	Débito	Crédito
24/05/20X9	Despesa de Fretes	100	
	Caixa		100

Como se trata de um evento que não altera o custo dos produtos nem a posição dos estoques, já que a empresa tem a opção de não pagar o frete para o cliente, esse valor não é registrado na ficha de controle.

Evento 7: Devolução de vendas

No recebimento, o cliente constatou que 50 unidades compradas (Evento 5) estavam com defeito e realizou a devolução no valor de R$ 175 (50 unidades × R$ 3,50).

Data	Conta	Débito	Crédito
24/05/20X9	Devolução de Vendas	175	
	Clientes		175
	Estoques	95	
	CMV		95

Assim como realizamos na venda dois registros, procedemos da mesma maneira na devolução. Nesse caso, faremos dois estornos aos eventos registrados anteriormente. No primeiro registro, que se referia à receita, não podemos debitar a despesa para corrigi-la. O débito é realizado em uma conta redutora da receita de vendas, denominada **Devolução de Vendas**. Já o segundo registro é um estorno do evento realizado anteriormente. Como se trata de uma devolução parcial, teremos de recorrer à ficha de controle novamente para obtermos o valor do custo das mercadorias devolvidas.

Data	Histórico	Entrada			Saída			Total		
		Quant.	Valor unitário	Valor total	Quant.	Valor unitário	Valor total	Quant.	Valor unitário	Valor total
12/05/20X9	Compras	1.000	2,00	2.000,00				1.000	2,00	2.000,00
12/05/20X9	Frete sobre compras			200,00				1.000	2,20	2.200,00
13/05/20X9	Devolução de compras	(100)	2,00	(200,00)				900	2,22	2.000,00
	Despesa de fretes			(20,00)				900	2,20	1.980,00
13/05/20X9	Abatimento de compras			(270,00)				900	1,90	1.710,00
24/05/20X9	Venda				600	1,90	1.140,00	300	1,90	570,00
24/05/20X9	Devolução de vendas				(50)	1,90	(95,00)	350	1,90	665,00

Da mesma forma que registramos uma devolução de compras nas entradas, as devoluções de vendas entram nas saídas com valor negativo. Como o custo unitário é de R$ 1,90, basta multiplicarmos as unidades devolvidas por esse valor que obtemos o valor do CMV que será estornado (de R$ 95).

CAPÍTULO 5 | **COMO CONTROLAR OS ESTOQUES?** 93

Evento 8: Abatimento de vendas

Para a venda não ser anulada, a BGS Ltda. concedeu um abatimento sobre a venda de R$ 50.

Data	Conta	Débito	Crédito
24/05/20X9	Abatimento sobre Vendas	50	
	Clientes		50

Nesse evento, não há estorno das mercadorias à empresa, mas apenas uma redução na receita obtida. Portanto, nada será registrado na ficha de controle de estoques da empresa. E, novamente, não podemos debitar a receita de vendas para corrigirmos o saldo desta conta. É por isso que usamos a conta de Abatimento de Vendas, que também é uma conta redutora da Receita de Vendas.

Evento 9: Desconto financeiro concedido

As duplicatas a receber dos clientes, com saldo de R$ 1.000 (R$ 1.200 – R$ 150 – R$ 50), foram liquidadas antecipadamente, sendo concedido um desconto de 5%.

Data	Conta	Débito	Crédito
30/05/20X9	Caixa	950	
	Desconto Financeiro Concedido	50	
	Clientes		1.000

O desconto financeiro se refere a uma redução no valor obtido dos clientes. Como é um evento posterior à venda, nada influencia na receita de vendas.

Evento 10: Desconto financeiro obtido

Decidiu-se pagar a dívida com fornecedores, com saldo de R$ 1.250 (R$ 2.000 – R$ 500 – R$ 250) antecipadamente e se obteve um desconto obtido de 10%.

Data	Conta	Débito	Crédito
30/05/20X9	Fornecedores	1.250	
	Caixa		1.125
	Desconto Financeiro Obtido		125

Embora as dívidas com fornecedores fiquem menores em virtude do desconto financeiro que se obteve, é também um evento que ocorreu posterior ao de compra, nada influenciando no custo das mercadorias adquiridas.

Data	Histórico	Entrada			Saída			Total		
		Quant.	Valor unitário	Valor total	Quant.	Valor unitário	Valor total	Quant.	Valor unitário	Valor total
12/05/20X9	Compras	1.000	2,00	2.000,00				1.000	2,00	2.000,00
12/05/20X9	Frete sobre compras			200,00				1.000	2,20	2.200,00
13/05/20X9	Devolução de compras	(100)	2,00	(200,00)				900	2,22	2.000,00
	Despesa de fretes			(20,00)				900	2,20	1.980,00
13/05/20X9	Abatimento de compras			(270,00)				900	1,90	1.710,00
24/05/20X9	Venda				600	1,90	1.140,00	300	1,90	570,00
24/05/20X9	Devolução de vendas				(50)	1,90	(95,00)	350	1,90	665,00
		Compras líquidas		**1.710,00**	**CMV**		**1.045,00**	**Estoque final**		**665,00**

Como observamos na ficha de controle de estoque, ao finalizar o período, a empresa já consegue obter os valores referentes ao total das compras líquidas de R$ 1.710. Para isso, basta somar a coluna das entradas. O total do custo das mercadorias vendidas é obtido somando a coluna da saída de R$ 1.045. E, finalmente, o seu estoque final, que apresenta 350 unidades, totaliza R$ 665. Graças a esse critério de registro, também é possível saber quanto a empresa obteve de lucro com as vendas no período. O Quadro 5.2 mostra como obtê-la:

Quadro 5.2 Demonstração do Resultado apurado nas vendas

Receita de vendas	2.100
(–) Devolução de vendas	(95)
(–) Abatimento de vendas	(50)
Receita líquida	1.955
(–) CMV	(1.045)
Lucro bruto	910

Na demonstração de resultado apresentada no Quadro 5.2, é possível perceber os conceitos de receita líquida e lucro bruto. Para o cálculo da receita líquida, devemos subtrair as contas redutoras da receita: Descontos sobre Vendas, Devoluções, Abatimentos e os Impostos Incidentes sobre a Venda. E o lucro bruto é obtido subtraindo o CMV da receita líquida.

PAUSA PARA REVISAR

1. Qual a diferença entre descontos comerciais e descontos financeiros?
2. Como se classifica um frete sobre vendas?
3. Diferencie devoluções de abatimentos.
4. O que é a receita líquida de vendas?
5. Como é apurado o lucro bruto?

5.2.2 Contabilização com inventário periódico

Ao contrário do inventário permanente, que adota a conta Estoques para registrar todos os eventos relacionados às compras, no inventário periódico as empresas fazem os registros de entrada de mercadorias na conta Compras. E todos os fatos contábeis que apresentamos aqui, que influenciam as compras, são reconhecidos em contas próprias. Vamos apresentar os mesmos eventos anteriores, mas agora adotando o inventário periódico:

Evento 1: Compra de mercadorias

No dia 12/05/20X9, quando a empresa BGS Ltda. adquiriu estoques de produtos de limpeza, para revenda, com uma compra a prazo de R$ 2.000, faz-se o registro contábil da seguinte forma:

Data	Conta	Débito	Crédito
12/05/20X9	Compras	2.000	
	Fornecedores		2.000

Como dissemos antes, no caso do inventário periódico, a empresa não possui ficha de controle de estoque, não tendo controle sobre seus valores de saída. A empresa apenas registra sua movimentação contábil referente às entradas, conforme vemos nesse evento e veremos nos próximos.

Evento 2: Frete sobre compras

A empresa pagou um frete sobre a compra no valor de R$ 180 nesta data. (Nesse caso, estamos desconsiderando o valor do frete das unidades que foram devolvidas. Como informamos anteriormente, esse valor deve ser considerado como despesa operacional e não custo).

Data	Conta	Débito	Crédito
12/05/20X9	Frete sobre Compras	180	
	Caixa		180

Perceba que a empresa faz o registro do frete em uma conta de nome idêntico ao evento, ou seja, **frete sobre compras**. O mesmo ocorre com a devolução e abatimento de compras, como veremos a seguir.

Evento 3: Devolução de compras

No dia 13/05/20X9, ao receber os produtos, a empresa constatou que alguns produtos estavam com o lacre rompido e os devolveu ao fornecedor (no valor de R$ 200). O registro contábil é:

Data	Conta	Débito	Crédito
13/05/20X9	Fornecedores	200	
	Devolução de Compras		200

Evento 4: Abatimento sobre compras

O fornecedor, ao receber os produtos em devolução, percebeu a insatisfação da empresa, decidiu conceder um abatimento sobre a venda à BGS Ltda., já que era sua primeira compra, com o objetivo de fidelizar o cliente, no valor de R$ 270.

Data	Conta	Débito	Crédito
13/05/20X9	Fornecedores	270	
	Abatimento de Compras		270

Evento 5: Vendas de mercadorias

A BGS Ltda. realizou uma venda de produtos a prazo no valor total de R$ 2.100 (600 unidades a R$ 3,50 cada) no dia 24/05/20X9.

Data	Conta	Débito	Crédito
24/05/20X9	Clientes	2.100	
	Receita de Vendas		2.100

No momento da venda, a empresa não faz a baixa do estoque, pois como não há controle de estoques, ela não tem a informação do CMV. As empresas que utilizam o inventário periódico dependem da contagem física, ao final do período, para registrarem a baixa dos estoques.

Evento 6: Frete sobre vendas

Nesta mesma data, incorreu em um pagamento de R$ 100 referente à entrega do produto ao cliente:

Data	Conta	Débito	Crédito
24/05/20X9	Despesa de Fretes	100	
	Caixa		100

Evento 7: Devolução de vendas

No recebimento, o cliente constatou que 50 unidades estavam com defeito e realizou a devolução no valor de R$ 95.

Data	Conta	Débito	Crédito
24/05/20X9	Devolução de Vendas	95	
	Clientes		95

Assim como na venda de mercadorias, não há estorno do CMV, pois não há controle de estoques e, portanto, não é possível determinar o valor que será registrado.

Evento 8: Abatimento de vendas

Para a venda não ser anulada, o vendedor concedeu um abatimento sobre a venda de R$ 50.

Data	Conta	Débito	Crédito
24/05/20X9	Abatimento sobre Vendas	50	
	Clientes		50

Evento 9: Desconto financeiro concedido

As duplicatas a receber dos clientes, com saldo de R$ 1.250 (R$ 1.200 – R$ 150 – R$ 50), foram liquidadas antecipadamente, sendo concedido um desconto de 5%.

Data	Conta	Débito	Crédito
30/05/20X9	Caixa	950	
	Desconto Financeiro Concedido	50	1.000
	Clientes		

Evento 10: Desconto financeiro obtido

A dívida com fornecedores, com saldo de R$ 1.000 (R$ 2.000 – R$ 500 – R$ 250), foi paga antecipadamente, com um desconto obtido de 10%.

Data	Conta	Débito	Crédito
30/05/20X9	Fornecedores	1.250	
	Caixa		1.125
	Desconto Financeiro Obtido		125

Perceba que, nesse caso, não sabemos quanto a empresa possui na conta de Estoques, nem o Custo das Mercadorias Vendidas. Assim, não conseguimos determinar o lucro obtido nas vendas.

Para conseguir tal informação, a empresa precisa realizar uma contagem física dos estoques, com o objetivo de determinar quantas unidades ainda restam (estoque final). Nesse caso, vimos que R$ 665 (350 unidades a R$ 1,90) não foram vendidas. Assim, vamos calcular o valor referente ao CMV por meio da fórmula que mostramos anteriormente: CMV = EI + C – EF.

Porém, antes disso, precisamos ajustar o valor das compras, já que houve alguns eventos que impactaram esse saldo, como o caso das devoluções de compras. Assim, para obtermos o valor referente às compras líquidas, teremos a seguinte expressão:

Compras Líquidas = Compras – Desconto de Compras – Devolução de Compras – Abatimento de Compras + Fretes sobre Compras

Os saldos desses eventos nesse exemplo foram os seguintes:

Compras	R$ 2.000,00
Devolução de Compras	R$ 200,00
Abatimento de Compras	R$ 270,00
Frete sobre Compras	R$ 180,00

Assim, basta aplicá-los à equação acima que teremos:

$$\text{Compras líquidas} = R\$\ 2.000 - R\$\ 200 - R\$\ 270 + R\$\ 180$$
$$\text{Compras líquidas} = R\$\ 1.710$$

Como não havia estoque inicial e calculamos o valor referente às compras, temos um CMV:

$$CMV = 0 + R\$\ 1.710 - R\$\ 665$$
$$CMV = R\$\ 1.045$$

Matematicamente, conseguimos apurar o valor do CMV. Porém, da mesma forma, precisamos fazer também os registros contábeis para que o estoque seja "corrigido", para o saldo final apurado na contagem física. Como no inventário permanente a baixa é realizada junto ao registro da receita, não é necessário mais nenhum registro. Mas no inventário periódico, esse saldo não está ajustado. Assim, teremos de fazer em partidas dobradas o que mostramos nas equações anteriores. Primeiro, calculamos as compras líquidas. Então teremos:

Data	Conta	Débito	Crédito
31/12/20X9	Devolução de Compras	200	
	Abatimento de Compras	270	
	Compras		470

Data	Conta	Débito	Crédito
31/12/20X9	Compras	180	
	Frete sobre Compras		180

Como o saldo da conta é devedor de R$ 2.000, quando creditamos R$ 470, reduziremos esse saldo. Quando debitamos R$ 180, aumentamos. E assim, obtemos o valor das compras líquidas de R$ 1.710.

Mas o objetivo é calcular o valor do CMV. Assim, teremos de fazer os registros da outra equação. Como não há estoque inicial, não teremos de fazer, para esse nosso exemplo, o registro da transferência desse saldo para a conta de CMV. Caso fosse necessário, o registro seria: Debita – CMV e Credita – Mercadorias. Em continuação, temos de transferir o saldo da conta Compras para a conta de CMV. E, finalmente, como nem todas as unidades foram vendidas, temos de retirar da conta de CMV aquilo que não foi vendido, ou seja, o estoque final. Assim, teremos:

Data	Conta	Débito	Crédito
31/12/20X9	CMV	1.710	
	Compras		1.710

Data	Conta	Débito	Crédito
31/12/20X9	Mercadorias	665	
	CMV		665

Assim, teremos o valor da conta de mercadorias ajustada, conforme apuramos na contagem física. E ao obter o saldo do Custo das Mercadorias Vendidas, podemos calcular o lucro do período, assim como fizemos no Quadro 5.2. Para apurar contabilmente o lucro líquido do período, encerramos os saldos das contas de resultado, assim como fizemos no Capítulo 4.

 PAUSA PARA REVISAR

1. Qual a diferença entre descontos comerciais e descontos financeiros?
2. Como se classifica um frete sobre vendas?
3. Diferencie devoluções de abatimentos.
4. O que é a receita líquida de vendas?
5. Como é apurado o lucro bruto?

5.3 MÉTODOS DE CONTROLE DE ESTOQUE

Vamos voltar ao Quadro 5.1. Mostramos a contagem física dos diversos produtos de limpeza da empresa BGS Ltda., em 31/12/20X9. Observe, por exemplo, que há três unidades em estoque do detergente ágil. Considerando que o preço de aquisição desse produto foi de R$ 3,00 ao longo de todo o ano, o valor do estoque final seria obtido pela multiplicação entre a quantidade em estoque pelo preço, ou seja, R$ 9,00 (3 unidades × R$ 3,00).

> **OBJETIVO ❸**
>
> **Mostrar como é realizado o controle de estoque.**

Entretanto, é muito difícil acreditar que o preço de um produto permaneça constante ao longo de todo um período. Assim, quando observamos as compras realizadas ao longo do ano, vemos que a BGS Ltda. realizou duas compras de 20 unidades desse produto no ano. Na primeira, em 04/03/20X9, o custo unitário de aquisição é de R$ 3,00 e, na segunda, em 22/10/20X9, de R$ 4,50.

Quadro 5.3 Compra de mercadorias da BGS Ltda. em 20X9

Compras	Quantidade	Valor Unitário	Total da Compra
04/03/20X9	20	3,00	60,00
22/10/20X9	20	4,50	90,00
Total	40	3,75	150,00

Como há três unidades no estoque que não foram vendidas, a pergunta que surge é: Que preço se deve considerar para esse estoque? O valor da primeira compra? Da última? Ou uma média entre esses valores?

Dadas as possibilidades de determinar o valor desses estoques, temos então quatro critérios: (1) preço específico; (2) primeiro a entrar, primeiro a sair (PEPS); (3) último a entrar, primeiro a sair (UEPS); (4) a média.

5.3.1 Preço específico

Por esse critério, a empresa identifica as unidades que saíram para determinar o preço dos estoques finais. Esse método requer um controle adicional para associar as unidades que entram e proceder à baixa exata das unidades vendidas quando saem, seja pelo uso do código de barras ou do chassi de um veículo, por exemplo. Nesse caso, supondo a venda de 19 unidades, saberíamos quais peças saíram e se o custo do produto seria de R$ 3,00 ou R$ 4,50.

Dada à necessidade de identificar com precisão o produto que sai de forma individualizada, esse método é mais utilizado por empresas que possuem estoques de valores mais elevados e com produtos que sejam facilmente identificáveis, como joalheiras, imobiliárias ou concessionárias.

5.3.2 Primeiro a entrar, primeiro a sair (PEPS)

Como o próprio nome indica, por esse método as primeiras unidades que entraram serão as primeiras a serem baixadas, quando a venda for realizada. Vamos retornar ao exemplo anterior, no qual a empresa comprou 40 unidades de produtos com dois preços diferentes: R$ 3,00 e R$ 4,50. No final do ano, verificamos na contagem física que a empresa possuía três unidades no estoque. Como as primeiras unidades que entraram foram vendidas, o custo das unidades que ainda restam no estoque é R$ 4,50 cada. Assim, o estoque final da empresa é de R$ 13,50, saldo que aparecerá no balanço patrimonial da empresa.

Considerando que as compras realizadas no ano totalizaram R$ 150,00, que não havia saldo inicial de estoques desse produto (EI = 0) e o estoque final (EF) é de R$ 13,50, o custo da mercadoria vendida (CMV) é de R$ 136,50 (basta aplicar a equação: CMV = EI + Compras – EF).

5.3.3 Último a entrar, primeiro a sair (UEPS)

Ao contrário do que foi feito para o PEPS, no UEPS as últimas unidades que entraram serão baixadas na venda. Nesse caso, as unidades adquiridas por R$ 4,50 serão as primeiras a saírem, permanecendo em estoque aquelas com custo de R$ 3,00. No final do ano, portanto, o custo das unidades que ainda restam no estoque é R$ 9,00 (3 unidades a R$ 3,00).

Para calcular o CMV, basta substituir o saldo do estoque final que acabamos de obter (EF = R$ 9,00) na equação, já que as demais informações são as mesmas. Assim, para esse método, o Custo da Mercadoria Vendida é de R$ 141,00.

5.3.4 Média

Como demonstramos anteriormente, a BGS Ltda. adquiriu 40 unidades com compras que totalizaram R$ 150,00. Para esse método, calculamos um custo médio desse estoque, ou seja, dividimos o valor das compras pela quantidade de produtos adquiridos (R$ 150 / 40 unidades). Assim, as unidades apresentam um custo médio de R$ 3,75. Na contagem física, percebemos que havia 3 unidades ainda desse produto, de forma que o estoque final é de R$ 11,25 (3 unidades a R$ 3,75).

Da mesma forma que mostramos nos casos anteriores, para calcular o CMV, basta substituir o saldo do estoque final (EF = R$ 11,25). Veremos que o Custo da Mercadoria Vendida é de R$ 138,75.

5.3.5 Comparando os três critérios de inventário

Como cada critério adota uma maneira de apurar o estoque final, o valor do CMV é diferente para cada um, conforme demonstramos anteriormente. Assim, para o exemplo apresentado, temos as seguintes informações, de forma resumida:

Quadro 5.4 Comparando o CMV

	PEPS	UEPS	Média
CMV	R$ 136,50	R$ 141,00	R$ 138,75
Estoque final	R$ 13,50	R$ 9,00	R$ 11,25

Observe que, para o PEPS, a BGS Ltda. apresentou o menor valor de CMV, ao contrário do que ocorreu com o UEPS, que gerou o maior custo. Isso sempre acontece quando se trata de uma economia inflacionária, na qual os preços de custo dos produtos tendem a subir. Como o resultado do período é apurado confrontando as receitas obtidas com os custos e despesas incorridas, o método que apresentar o maior custo gerará o menor resultado. Vamos supor que cada produto tivesse um preço de venda de R$ 8,00. Como foram vendidas 37 unidades, a receita obtida foi de R$ 296,00. Considerando os valores do quadro acima para o CMV de cada critério e que a empresa ainda terá de calcular um imposto de renda sobre o lucro obtido de 34%, temos:

Quadro 5.5 Comparando os resultados

	PEPS	UEPS	Média
L ucro	R$ 159,50	R$ 155,00	R$ 157,25
Imposto sobre o lucro	R$ 54,23	R$ 52,70	R$ 53,47

No Quadro 5.5, podemos observar que o critério que gera menor valor de imposto é o UEPS, de R$ 52,70. Esse é o motivo pelo qual as empresas no Brasil não podem utilizar esse critério de inventário para fins de apuração dos tributos.

5.4 COMO ANALISAR O BALANÇO PATRIMONIAL?

Como vimos até aqui, os valores referentes aos estoques finais apresentados no balanço patrimonial podem ser diferentes, dependendo do critério de inventário que a empresa decidir usar e qual o método de controlar seus estoques. Vimos que no Brasil, os preços tendem a subir, as mercadorias mantidas em estoque no final do período terão maior valor no critério do PEPS. Esse valor de estoque final maior gera, na DRE, menores valores de custo das mercadorias e, consequentemente, maiores lucros. Assim, as empresas que adotam o PEPS terão um balanço patrimonial com as contas de estoque e de lucros acumulados superestimadas, quando se compara ao UEPS.

> OBJETIVO ❹
>
> **Explicar a regra do custo ou valor realizável líquido.**

CAPÍTULO 5 | **COMO CONTROLAR OS ESTOQUES?** 103

Mas há situações em que os produtos em estoque se tornam obsoletos, seja porque a tecnologia já não é mais utilizada ou porque não são mais "da moda". Alguns exemplos são os televisores de tubo de tecnologia analógica, que atualmente foram substituídos pelas Smart TVs de Led, de tecnologia digital. Ou que no passado era moda usarmos determinada roupa, que hoje já não usamos.

Nesse caso, a empresa adquiriu estoques com determinado valor de custo, mas que, ao vender, não conseguirá recuperar, pois o valor de venda será inferior. Portanto, a empresa não obterá lucro na venda, mas sim uma perda.

Vamos supor que a loja BGS Ltda. tenha adquirido determinado produto de limpeza que está com o prazo de validade próximo do vencimento. Ela terá, portanto, de se desfazer rapidamente dos produtos para não incorrer em perdas maiores. Assim, ao final do exercício de 20X9, seu estoque estaria com um saldo de R$ 800, mas verificou-se que o valor de realização será de R$ 600. Além disso, a empresa ainda terá desembolsos de R$ 20 com a entrega.

A regra que a contabilidade deverá adotar para casos dessa natureza é a do **custo ou valor realizável líquido, o menor**. Por essa regra, teremos a seguinte situação:

Quadro 5.6 Regra do custo ou valor realizável líquido

Custo	Valor realizável líquido
800	600
	−20
	580

Como o valor realizável líquido (VRL) é de R$ 580, a empresa precisará reconhecer a perda de R$ 200. O registro contábil será:

Data	Conta	Débito	Crédito
31/12/20X9	Despesa com Perda ao VRL	220	
	Perda ao VRL		220

A conta de despesa é uma conta de resultado, que será encerrada para a apuração do lucro ou prejuízo do exercício. Já a conta de perda ao valor realizável líquido é uma conta patrimonial, redutora de ativo.

REVISANDO OS OBJETIVOS

1. **Diferenciar inventário periódico de inventário permanente**

   O inventário periódico é um critério de controle de estoque mais simples, utilizado por pequenas empresas que não têm condições de investir em tecnologia ou que seus produtos possuem um valor baixo, tornando o controle caro para o benefício que se obteria. Já o inventário permanente é utilizado em grandes empresas, que adquirem computadores e *softwares* para controlar suas mercadorias, que, em geral, apresentam um alto valor.

2. **Apresentar como são registradas as operações com mercadorias**

   Pelo inventário periódico, as compras são registradas na conta Compras e as operações de devolução, descontos e abatimentos, nas próprias contas. Nas vendas, registra-se apenas a receita. Ao final do período, é necessário fazer o ajuste da baixa dos estoques, para que seu saldo seja corrigido ao ser apurado na contagem física. Já pelo inventário permanente, todos os eventos de compras são registrados diretamente na conta de estoques, e nas vendas registram-se a receita e a baixa dos estoques simultaneamente. Assim, é possível obter o saldo dos estoques e a lucratividade resultante a qualquer momento.

3. **Mostrar como é realizado o controle de estoque**

   Há quatro critérios para determinar o valor dos estoques, quando os preços de custo desses produtos são diferentes: (1) preço específico; (2) primeiro a entrar, primeiro a sair (PEPS); (3) último a entrar, primeiro a sair (UEPS); (4) a média. O preço específico é o melhor método, porém requer que os produtos sejam detalhados por controles adicionais, o que requer maiores custos. O PEPS, em geral, apresenta menores valores de custo e, consequentemente, maior lucro; ao contrário, temos o UEPS, que gera maior custo e menor lucro. Por esse motivo, sua utilização não é permitida no Brasil. Já para utilizar a média, calculamos um custo unitário médio para o estoque, gerando um valor intermediário para custo e lucro. Em geral, é o método mais utilizado pelas empresas, dada sua facilidade de apuração.

4. **Explicar a regra do custo ou valor realizável líquido**

   Quando as empresas vendem produtos de alta tecnologia ou "da moda", é possível que o saldo da sua conta de Estoque, que representa o custo de aquisição desses produtos, já não possa mais ser recuperável na venda. Isso significa que a empresa, quando perceber que o preço de venda desses itens é inferior ao custo, precisará reconhecer a perda. Isso se torna necessário para que seu balanço patrimonial não apresente uma conta de estoque com saldo superestimado.

CONSTRUINDO SEU DICIONÁRIO

_____ 🖉 : são situações em que, embora a mercadoria comprada não se refira às especificações do produto adquirido ou há leves defeitos, o comprador decide manter a compra com uma redução no preço.

_____ 🖉 : utilizada para determinar o valor do custo dos produtos produzidos por uma indústria.

_____ 🖉 : preço do custo de aquisição unitário multiplicado pela quantidade de produtos vendidos.

_____ 🖉 : o vendedor concorda em reduzir o preço de venda dos seus produtos em virtude da negociação de um grande volume ou de unidades que já não têm mais uma grande saída. Esse tipo de desconto é também denominado desconto incondicional.

_____ 🖉 : esse desconto somente ocorre quando há uma antecipação do pagamento ou recebimento de uma duplicata. Nesse caso, trata-se de um desconto condicional.

_____ 🖉 : quando um produto é adquirido com defeito ou, ao recebê-lo, não se refere ao que foi encomendado.

_____ 🖉 : ao adquirir produtos de outras localidades, as empresas podem incorrer em custos adicionais para que estes itens estejam disponíveis para revenda ou para que sejam vendidos.

_____ 🖉 : critério de controle de estoque utilizado por pequenas empresas. É necessário fazer o levantamento físico a cada período para calcular o lucro do período.

_____ 🖉 : é utilizado em grandes empresas que querem ter informações permanentes sobre sua posição de estoque, bem como da lucratividade obtida.

_____ 🖉 : é o resultado da subtração da receita líquida total obtida pela empresa, subtraindo o CMV.

_____ 🖉 : bens utilizados no processo produtivo com a finalidade de obter produtos.

_____ 🖉 : por esse método, calculamos um custo unitário médio para o estoque, o que gera um valor intermediário para custo e lucro.

_____ ✎ : método que calcula o custo dos produtos vendidos a partir das primeiras unidades adquiridas. Em geral, apresenta menores valores de custo e, consequentemente, maior lucro.

_____ ✎ : é considerado o melhor método, porém requer que os produtos sejam especificados por controles adicionais, exigindo maiores custos.

_____ ✎ : é a mercadoria que tem o processo de fabricação concluído e já está pronta para venda.

_____ ✎ : refere-se a uma unidade inacabada e que ainda não pode ser comercializada.

_____ ✎ : é o valor total apurado pelas vendas de uma empresa. Calcula-se o valor do preço de venda de um produto multiplicado pela quantidade vendida.

_____ ✎ : das receitas totais obtidas com as vendas, subtraímos: os descontos sobre vendas, as devoluções, os abatimentos e os impostos incidentes sobre a venda.

_____ ✎ : método que calcula o custo dos produtos vendidos a partir das últimas unidades adquiridas. Gera maior custo e menor lucro.

_____ ✎ : valor que se obtém em uma venda de mercadorias, deduzindo-se os custos necessários para a realização desta venda.

QUESTÕES DE REVISÃO

1. Os dois sistemas de inventário de estoques são denominados:
   a) Inventário manual e inventário informatizado.
   b) Inventário frequente e inventário não frequente.
   c) Inventário periódico e inventário permanente.
   d) Inventário de custos e inventário de despesas.

2. Inventário periódico requer que a empresa:
   a) Faça a contagem física dos estoques no final do período.
   b) Elabore fichas de controle de estoque.
   c) Realize o inventário permanente de forma complementar.
   d) Faça registro de saídas de estoque sempre que realizar uma venda.

3. Inventário permanente requer que a empresa:
   a) Realize o inventário periódico de forma complementar.

CAPÍTULO 5 | **COMO CONTROLAR OS ESTOQUES?** 107

b) Faça a contagem física dos estoques no final do período.

c) Faça o registro de baixa do estoque de uma única vez no final do período contábil.

d) Elabore fichas de controle de estoque, contabilizando as baixas de estoque a cada venda realizada.

4. Abatimento é:

a) Redução no valor da compra em função de o produto conter algum defeito.

b) Redução no valor da compra devido ao cliente antecipar o pagamento da dívida.

c) Redução no valor da compra, pois a quantidade adquirida foi expressiva.

d) Redução no valor da compra, pois a mercadoria é devolvida ao fornecedor.

5. Devolução de venda é:

a) Redução no valor da venda em função de o produto conter algum defeito.

b) Redução no valor da venda devido ao cliente antecipar o pagamento da dívida.

c) Redução no valor da venda, pois a quantidade adquirida foi expressiva.

d) Redução no valor da venda, pois a mercadoria é devolvida ao fornecedor.

6. Desconto comercial é:

a) Redução no valor da compra em função de o produto conter algum defeito.

b) Redução no valor da compra no caso de o cliente antecipar o pagamento da dívida.

c) Redução no valor da compra, pois a quantidade adquirida foi expressiva.

d) Redução no valor da compra, pois a mercadoria é devolvida ao fornecedor.

7. Desconto financeiro é:

a) Redução no valor da compra em função de o produto conter algum defeito.

b) Redução no valor da compra no caso de o cliente antecipar o pagamento da dívida.

c) Redução no valor da compra, pois a quantidade adquirida foi expressiva.

d) Redução no valor da compra, pois a mercadoria é devolvida ao fornecedor.

8. Sobre o PEPS como critério de controle de estoque, podemos afirmar:

a) É o melhor método, porém necessita que os produtos sejam especificados, de forma que exatamente aqueles que forem vendidos deverão ser baixados, o que requer maiores custos de implantação.

b) Calcula-se um custo médio unitário para todo o estoque, gerando um valor intermediário para custo e lucro.

c) Em ambientes inflacionários, apresenta menores valores de custo e, consequentemente, maior lucro.

d) Em ambientes inflacionários, gera maior custo e menor lucro.

9. Sobre o UEPS, como critério de controle de estoque, podemos afirmar:

a) É o melhor método, porém necessita que os produtos sejam especificados, de forma que exatamente aqueles que forem vendidos deverão ser baixados, o que requer maiores custos de implantação.

b) Calcula-se um custo médio unitário para todo o estoque,

gerando um valor intermediário para custo e lucro.

c) Em ambientes inflacionários, apresenta menores valores de custo e, consequentemente, maior lucro.

d) Em ambientes inflacionários, gera maior custo e menor lucro.

10. Sobre o preço específico, como critério de controle de estoque, podemos afirmar:

a) É o melhor método, porém necessita que os produtos sejam especificados, de forma que exatamente aqueles que forem vendidos deverão ser baixados, o que requer maiores custos de implantação.

b) Calcula-se um custo médio unitário para todo o estoque, gerando um valor intermediário para custo e lucro.

c) Em ambientes inflacionários, apresenta menores valores de custo e, consequentemente, maior lucro.

d) Em ambientes inflacionários, gera maior custo e menor lucro.

11. Lucro bruto é o:

a) Valor das compras líquidas do período subtraídas do custo das mercadorias vendidas.

b) Valor obtido pela diferença entre as receitas brutas e o estoque final de produtos da empresa.

c) Valor da receita líquida menos o custo das mercadorias vendidas.

d) Valor apurado pela diferença entre as receitas recebidas e o custo das mercadorias vendidas.

12. Valor realizável líquido significa:

a) Valor que se obtém em uma venda de mercadorias, deduzindo-se os custos necessários para a realização dessa venda.

b) Em ambientes inflacionários, o custo dos estoques pode ser corrigido por um índice de variação de preços.

c) Uma venda forçada, tanto para clientes normais a preços extremamente reduzidos.

d) O valor do estoque é determinado mediante o processo de desconto dos fluxos de caixa futuro trazidos a valores presentes.

EXERCÍCIOS

1. Considere as seguintes informações sobre o estoque da empresa Delta Ltda. e determine os valores que estão faltando:

	Estoque inicial	Compras	Estoque final	CMV
a)	18.000	40.000	???	35.000
b)	???	41.000	15.000	42.000
c)	21.000	37.000	20.000	???
d)	27.000	???	25.000	38.000

CAPÍTULO 5 | **COMO CONTROLAR OS ESTOQUES?** 109

2. A empresa Positiva Ltda. adota inventário periódico e as aquisições de estoque no ano foram:

Data	Histórico	Unidades	Custo unitário	Custo total
01/01/20X2	Estoque inicial	3	10,00	30,00
19/03/20X2	Compras	40	11,50	460,00
02/07/20X2	Compras	50	12,80	640,00
27/12/20X2	Compras	25	13,20	330,00

Ao final do ano, foi realizada a contagem física dos estoques, que acusou 20 unidades.

Pede-se:

a) O valor do CMV e do estoque final, considerando que a empresa adote o PEPS;

b) O valor do CMV e do estoque final, caso a empresa adote o UEPS;

c) O valor do CMV e do estoque final ao utilizar a média.

3. A empresa Lisbela vende pianos. No dia 01.01, seu estoque apresentava um saldo inicial de 18 unidades, a R$ 5.800 cada. A empresa realizou as seguintes transações no ano:

1. Comprou 30 unidades do produto a prazo pelo valor unitário de R$ 6.100 e obteve um desconto de R$ 100 em cada na negociação, pagando à vista.

2. Pagou frete sobre a compra no valor de R$ 3.000.

3. Vendeu 35 unidades a prazo, por R$ 8.500 cada.

4. Pagou o frete de entrega da mercadoria ao cliente, no valor de R$ 3.000.

5. Três unidades estavam danificadas. O cliente mostrou-se insatisfeito e as devolveu. Para não cancelar toda a venda, foram recebidas em devolução as 3 unidades. Também concedeu um abatimento de R$ 5.500 sobre o total a pagar das mercadorias restantes.

Considerando que a empresa adota inventário permanente, após efetuar os registros, informe:

a) Os valores para o CMV e o estoque final pelo método PEPS.

b) Os valores para o CMV e o estoque final pelo UEPS.

c) Os valores para o CMV e o estoque final pela média.

CAPÍTULO 6

COMO O USUÁRIO VÊ O RESULTADO?

OBJETIVOS DESTE CAPÍTULO
1. Apresentar como o usuário vê o resultado.
2. Demonstrar a importância da DRE.
3. Indicar os diferentes conceitos de lucros existentes.
4. Apresentar como é feita a destinação do resultado.

ANTES DE COMEÇAR...

De tempos em tempos, nós paramos para fazer um apanhado geral da nossa vida. É muito comum que esta reflexão ocorra no final do ano, durante o Natal e o ano novo. Não é coincidência que muitas pessoas chamam este momento de "fazer um balanço" do que ocorreu durante o ano. Neste momento, fazemos um levantamento do nosso progresso, das nossas conquistas e fracassos, como: comprei um carro novo, consegui quitar a casa, fiz a viagem dos sonhos.

Isto também ocorre com uma empresa. De tempos em tempos, a empresa faz um apanhado sobre o que ocorreu. "Fecha para balanço" e verifica o que houve com ela durante determinado período: seu progresso, conquistas e fracassos. Na empresa, a contabilidade checa se naquele período específico o resultado foi positivo ou negativo. Esse resultado é composto das receitas auferidas, sendo feita a comparação com o esforço realizado para obter essas receitas. Como vimos anteriormente, esse esforço recebe o nome de despesa. É desta comparação entre receitas e despesas que surge a Demonstração do Resultado do Exercício (DRE).

Em uma grande empresa, após a contabilidade elaborar as demonstrações contábeis, as informações passam por diferentes comitês que analisam e aprovam seus documentos. Essas demonstrações serão apresentadas para o público externo, que inclui investidores (atuais e potenciais). Os investidores vão querer saber se o resultado da empresa foi bom ou não, e essa análise é feita usando as informações contábeis, em especial a DRE e o Balanço Patrimonial.

O resultado de uma entidade é algo tão importante que, nos primórdios da contabilidade, era muito comum ser essa a informação divulgada. As primeiras informações contábeis divulgadas no Brasil, logo após a chegada da família real, eram uma listagem das receitas e das despesas. Ou seja, o resultado da entidade durante certo período. O tempo passou e ainda hoje esta é uma informação que muitos querem saber: afinal, o resultado foi bom ou ruim? Com a ajuda da demonstração do resultado, é possível responder a esta questão.

INTRODUÇÃO

A regra para traduzir o resultado de uma empresa é bastante simples: se a quantidade de receita for maior que as despesas, o resultado é positivo. Isto é bom e consideramos que a empresa teve **lucro**. Lucro é o mesmo que resultado positivo. Mas se a receita for menor que as despesas, o resultado é negativo. O que é ruim, pois é sinal de que a empresa teve **prejuízo.** Prejuízo é o mesmo que resultado negativo. Parece muito simples, mas se escrevemos um capítulo inteiro sobre esse assunto é porque existe mais para se falar.

Mas a regra apresentada no parágrafo anterior deve ser olhada com cuidado, por conta de um aspecto importante: a **comparação**. De maneira geral, ligar lucro a desempenho bom e prejuízo a desempenho ruim é válido. Mas quem olha o resultado de uma empresa deve ter também o cuidado com a comparação. Ela pode ser feita de três formas: olhando para o passado, para outras empresas do mesmo setor ou imaginando o futuro. Vamos destacar cada uma destas situações.

Suponha que uma empresa teve um lucro de R$ 100. Pela nossa regra, lucro é sinal de desempenho bom. É um resultado positivo. Mas olhando para o passado, temos que os três últimos resultados foram de R$ 800, R$ 710 e R$ 650, nesta ordem, do mais antigo para o mais recente. Veja como nossa posição sobre a empresa muda. Apesar de o resultado ter sido positivo, ele ficou muito abaixo do que a empresa fez no passado. Mais ainda, o lucro caiu de R$ 800 para R$ 710, de R$ 710 para R$ 650 e, agora, de R$ 650 para R$ 100. Não podemos dizer que esse desempenho foi bom: o lucro foi bem menor que nos períodos anteriores e está caindo a cada período. Assim, para esta empresa, o resultado positivo de R$ 100 não é uma boa notícia.

A segunda comparação é observar o que está ocorrendo com empresas do mesmo setor. Podemos obter as informações das principais empresas, de uma média de empresas ou daquela que é considerada o exemplo para a categoria. O que está ocorrendo com essas empresas? Se os resultados delas melhoraram, o lucro de R$ 100 do exemplo não pode novamente ser visto como bom. E se os resultados de todas pioraram nos últimos tempos, talvez o problema não seja com a empresa em específico, e sim com uma possível crise econômica.

Também devemos tentar imaginar o futuro. Quando temos a evolução dos últimos resultados da empresa – de R$ 800, R$ 710 e R$ 650, nós percebemos que, a cada período, o desempenho tem piorado. Suponha, no nosso pequeno exemplo, que pessoas entendidas

CAPÍTULO 6 | **COMO O USUÁRIO VÊ O RESULTADO?** 113

afirmaram que, nos próximos períodos, a economia deve piorar. Neste caso, o resultado preocupa bastante, pois além de existir um lucro cada vez menor, nos próximos meses talvez isto ainda piore.

6.1 APRESENTANDO O RESULTADO

O resultado de uma empresa é dado pela diferença entre receita e despesa. No passado, essa informação era apresentada na demonstração de lucros e perdas. Não era um bom nome para uma demonstração. Nos dias atuais, a informação está na Demonstração do Resultado do Exercício (DRE), que também não é um nome muito original.

> OBJETIVO ❶
>
> **Apresentar como o usuário vê o resultado.**

Esta demonstração é tão importante que as pessoas que trabalham com contabilidade e aquelas que a usam apelidaram-na de DRE. Como o próprio nome já diz, a DRE apresenta (demonstra) como foi obtido o resultado durante determinado período, o exercício social. Esse resultado é calculado por meio de uma operação de subtração: as receitas menos as despesas. Parece muito simples, mas essa simplificação feita até agora é apenas por questões didáticas, para facilitar o entendimento.

Um ponto a ser destacado é que a DRE se refere a um período específico. Assim, é possível determinar o resultado que ocorreu no mês, no trimestre, no semestre e/ou no ano. A maioria das empresas tem como período específico o ano. Algumas empresas, por uma exigência de um órgão regulador, podem ser obrigadas a mostrar os seus resultados em períodos menores, como o trimestre. Esse é o caso das empresas que possuem ações negociadas na bolsa de valores, que a cada final de trimestre elabora uma demonstração do resultado por exigência da Comissão de Valores Mobiliários (CVM).

Outro aspecto importante é que a grande maioria das empresas faz coincidir o exercício social com o ano calendário. É um costume das empresas brasileiras, mas outros países também adotam esta prática. As empresas podem adotar outro período, sem precisar coincidir com o ano calendário? A resposta é sim. Mas a maioria prefere esta opção por uma questão... prática! Adotando outro período, por exemplo, encerrando seu exercício no final de fevereiro, a DRE abrangerá o primeiro dia de março até o último dia de fevereiro do ano seguinte. Mas, para fins de arrecadação fiscal no Brasil, a empresa terá fazer um encerramento no final de dezembro. Isso, obviamente, aumenta o trabalho, e justifica a escolha do ano calendário por parte da maioria das empresas.

Como vimos até agora, a apresentação da demonstração, de forma mais resumida, começa pelas receitas. Essa geralmente é a primeira linha da demonstração. Depois disso, são retiradas cada despesa, até chegar à última linha, que corresponde ao resultado do exercício. Basicamente, a DRE é como o Quadro 6.1:

FUNDAMENTOS BÁSICOS DE CONTABILIDADE

Quadro 6.1 DRE simplificada

Demonstração do Resultado do Exercício Ano de 20X0	
Receita	xxx
– Despesa	xxx
– Despesa	yyy
...	
– Despesa	zzz
= Resultado do Exercício 20X0	

Em geral, uma demonstração do resultado pode conter entre 5 a 30 linhas, mas esse número não é algo fixo. Muitas linhas são a soma de outros valores. Veja o exemplo de uma empresa que tem a despesa de salário. Na demonstração pode aparecer em uma linha o salário de janeiro, na outra, o salário de fevereiro, e assim por diante. Mas esse detalhe é muito cansativo para o usuário. Então, a empresa soma todos os salários do ano e coloca apenas uma linha com o título "Despesa de Salários". A empresa também paga outros valores para seus empregados: vale-transporte, contribuição da previdência, adicionais diversos etc. Assim, para evitar detalhar muito essa informação, a demonstração pode aparecer com todos estes valores somados com o título de "Despesas de Salários e Outras" ou "Despesas com Pessoal" ou "Despesas com Mão de Obra", e assim por diante. Mesmo buscando objetividade na apresentação da DRE, há algumas informações que precisam ser mais detalhadas, devido a sua importância. Assim, contas relevantes, que aparecem de forma resumida na demonstração, podem ser detalhadas em Notas Explicativas. Isso ocorre, por exemplo, com a conta Depreciação. Na DRE, apresentam-se geralmente apenas os valores da despesa, mas, nas notas explicativas, são trazidos quais ativos estão sujeitos à depreciação, qual critério e taxa foram adotados pela empresa, o valor contábil líquido, entre outros.

O importante é que o usuário possa ter uma visão geral de como foi o desempenho da empresa no período. Isso inclui saber não somente o valor das contas de receitas e despesas, mas também quais foram as principais contas da empresa. Em outras palavras, que o usuário possa entender como foi gerado o resultado da empresa.

6.2 DEMONSTRAÇÃO DO RESULTADO DO EXERCÍCIO (DRE)

A brincadeira do ovo e da galinha talvez possa ser usada para responder a seguinte pergunta: Qual a informação mais relevante da contabilidade? O balanço patrimonial ou a demonstração do resultado? Enquanto o balanço patrimonial entrega a situação da empresa, com seus ativos, passivos e patrimônio líquido, a demonstração do resultado informa como foi o desempenho da empresa em determinado período.

OBJETIVO ❷
Demonstrar a importância da DRE.

CAPÍTULO 6 | **COMO O USUÁRIO VÊ O RESULTADO?** 115

Pela nossa descrição, o leitor deverá imaginar que é difícil optar por uma das duas informações. As duas demonstrações são importantes, mas possuem finalidades específicas. Por uma escolha didática, somente neste capítulo é que focamos nos detalhes da demonstração do resultado. Fazemos isto para o melhor entendimento da contabilidade.

Voltemos à situação do início do capítulo. No final do ano, nós fazemos um apanhado geral da nossa vida. Questionamos coisas do tipo: Como está minha situação hoje? Tenho uma casa própria? Possuo um emprego razoável? Já conheço o suficiente da minha profissão? Estou casado? Ainda consigo praticar um esporte? Também podemos refletir sobre o que ocorreu durante o ano que passou: Tive aumento de salário? Minhas dívidas foram pagas? Fiz o curso que tinha planejado? Cuidei da minha saúde como deveria? Consegui aumentar minhas horas de sono? Fui mais amigável com as pessoas?

O primeiro grupo de perguntas estaria associado ao nosso balanço patrimonial. O segundo corresponde à demonstração do resultado, nosso desempenho em determinado período. Quando estamos fazendo este apanhado da nossa vida, ambos os grupos são importantes.

Em uma empresa, a demonstração do resultado é uma síntese do que ocorreu durante determinado período. A demonstração começa com a receita. Se a empresa vende uma mercadoria, o preço de venda multiplicado pela quantidade é a receita obtida. Caso a empresa preste um serviço, o valor será a receita da prestação de serviço. Se os valores da receita aumentarem, significa que a empresa está ganhando mercado ou está conseguindo manter a quantidade vendida, praticando um preço mais elevado.

As despesas são os esforços que foram feitos para gerar as receitas. As despesas podem ser classificadas de diferentes formas. Se a empresa for um comércio ou uma indústria, as despesas vinculadas aos estoques que foram comercializados ou produzidos são chamadas de "Custo dos Produtos Vendidos", para o primeiro caso, e "Custo dos Produtos Fabricados", no segundo caso.

É importante notar que existe um vínculo muito estreito entre esse custo e a receita. Quando uma empresa comercial vende um produto, o valor obtido na venda é a receita e o custo corresponde ao que se pagou aos fornecedores.[1] Quando uma indústria vende um produto fabricado por uma empresa, o preço de venda (pela quantidade) será receita e o custo para produzir será associado à receita.

Mas atenção: quando uma empresa compra uma mercadoria e não a vende, isso não afeta a DRE. Somente quando ocorrer a venda é que haverá receita e o custo relacionado com a compra da mercadoria. O mesmo ocorre numa indústria, que produz 100 unidades de determinado produto e vende apenas 20. As outras 80 unidades encontram-se em estoque pelo custo dos insumos necessários para a produção.

---

1 Não esqueça que, como vimos no capítulo anterior, o custo do estoque é o valor pago pelos produtos adquiridos mais todos os gastos necessários para que eles estejam no estabelecimento da empresa disponíveis para venda, tais como fretes, seguros etc. Colocamos aqui o valor pago a fornecedores apenas por simplificação.

Observe que o custo da mercadoria que foi vendida e o custo do produto fabricado e vendido estão vinculados à receita. Essa relação nos fornece o quanto a empresa obteve de **resultado bruto**. Mas a empresa precisa de outras despesas para funcionar: água, internet, salários de funcionários, comissão de vendas, luz, transporte, assim por diante. Apesar de não estarem diretamente ligadas ao produto vendido, essas despesas são necessárias. Chamamos essas despesas de **operacionais**, pois estão vinculadas à operação da empresa. Quando deduzimos as despesas operacionais do resultado bruto, obtemos o **resultado operacional**.

Da demonstração do resultado é importante destacar dois outros itens. O primeiro é o **resultado financeiro**, decorrente do pagamento que a empresa faz dos juros da sua dívida e das receitas financeiras recebidas por suas aplicações financeiras.

Imagine uma empresa que tenha um gerente que cuida das operações. Ele contrata funcionários, compra os estoques, trabalha para que a empresa possa comprar e vender suas mercadorias. Em alguns momentos, a empresa necessitará de recursos financeiros adicionais para ganhar mercado, atender a um pedido ou pagar uma despesa não esperada. Assim, em alguns momentos, a empresa vai precisar de mais recursos, que podem ser obtidos por meio de empréstimos, financiamentos ou dívidas com terceiros. Em outros, o processo vai trazer sobras financeiras, que poderão ser investidas no mercado. Quando sobra algum recurso, este pode ser aplicado. Em muitas empresas há um setor responsável por captar recursos, quando houver necessidade, ou aplicar as sobras, quando ocorrer. Esse setor pode ser a Tesouraria ou o Departamento Financeiro. A captação de recursos pode gerar despesas financeiras (também chamadas de juros passivos), a aplicação das sobras, receitas financeiras (ou juros ativos). O resultado financeiro indica se as despesas financeiras são maiores que as receitas financeiras.

O segundo item importante da demonstração é o **resultado líquido,** que é o resultado financeiro subtraído dos tributos sobre o lucro e das participações no lucro. Algumas empresas podem, se quiser, destinar parte dos seus lucros a empregados, administradores, entre outros. Vamos detalhar esse tema um pouco mais adiante.

Em muitas empresas, o governo usa a DRE para cobrar impostos. Quando a empresa vai bem, ou seja, possui um resultado positivo, o governo cobra o imposto de renda e a contribuição social. Se não existe lucro, o governo pode deixar de cobrar neste momento. Para o governo, a DRE é considerada uma importante demonstração, já que possui essa finalidade arrecadadora.

PAUSA PARA REVISAR

Liste a ordem de uma demonstração do resultado. Se não souber, volte a leitura até o objetivo 2 e faça essa lista antes de prosseguir.

CAPÍTULO 6 | **COMO O USUÁRIO VÊ O RESULTADO?** 117

6.3 OS RESULTADOS DE UMA EMPRESA

Já vimos, no capítulo anterior, que quando uma empresa vende uma mercadoria ou cobra por uma prestação de serviço, a receita obtida é denominada **receita bruta**. E o valor da receita bruta é o preço unitário multiplicado pela quantidade vendida. Essa denominação é para lembrar que o valor obtido na transação não é todo da empresa.

OBJETIVO ❸

Indicar os diferentes conceitos de lucro existentes.

Receita Bruta = Preço de Venda × Quantidade

Pelo contrário, o governo usualmente cobra tributos sobre a receita. Além disso, se a mercadoria for devolvida, por alguma razão, a empresa não terá essa receita; ou ainda se na transação ocorrer um desconto comercial ou um abatimento sobre as vendas. A contabilidade calcula a receita bruta das transações, mas também faz o cálculo do que sobrou da receita, quando desconsidera os tributos sobre as vendas, os descontos comerciais, os abatimentos e as devoluções. Esse novo valor recebe a denominação de **receita líquida**. Assim, podemos traduzir esses dois novos conceitos da seguinte forma:

Receita Líquida = Receita Bruta – Descontos Comerciais Concedidos – Abatimentos de Vendas – Devolução de Vendas – Tributos sobre a Venda

Vamos revisar novamente os conceitos sobre as diferenças entre os descontos, a devolução e os abatimentos. Imagine que uma empresa vendeu um produto para alguém. Esse cliente pediu e convenceu a empresa a conceder uma redução no valor praticado da venda. Este corresponde ao **desconto**. Como o desconto pode ocorrer quando a empresa vende e quando a empresa compra, na expressão anterior colocamos o termo "descontos concedidos" ou "desconto sobre vendas" para destacar que foi na operação de venda da empresa. Também pode ocorrer desconto no momento do pagamento da duplicata – para diferenciar do desconto financeiro, usamos "descontos comerciais". Para não esquecer, pense que o desconto é o "choro".

Depois da operação de venda, o cliente pode ficar satisfeito. Mas, eventualmente, ele pode perceber que a mercadoria não está do seu agrado. Dependendo do perfil do cliente, ele volta na empresa para reclamar, ou registra sua insatisfação na internet. A empresa tem três possibilidades: (1) ignorar a reclamação – o problema é que pode perder futuros clientes com isto; (2) conversar com o cliente e reduzir o valor que foi pago – ou seja, dar um **abatimento;** (3) aceitar a mercadoria de volta e devolver o valor pago – neste caso, denominamos **devolução**.

Novamente, a devolução, o desconto e o abatimento podem ocorrer tanto na venda quanto na compra. Por isso, usamos os termos "de vendas" ou "comerciais" para deixar claro que se trata da operação de venda da empresa.

O montante de devolução, abatimento e desconto de uma empresa pode, em certas situações, ser uma informação útil. Suponha uma empresa que o valor das devoluções e abatimentos eram, nos anos anteriores, em torno de 4% do valor da receita bruta. Se no último período esse valor aumentou para 9%, isto pode ser uma pista de que a qualidade do produto ou serviço piorou. Outra situação é uma empresa que reduziu a receita ao mesmo tempo em que ocorreu uma redução nos descontos comerciais. Talvez exista uma relação entre os dois fatos.

Além desses itens que reduzem a receita, ainda é necessário considerar os valores referentes a tributos sobre a venda. Não é nosso objetivo detalhá-los, mas existem atualmente pelo menos quatro tributos que podem incidir sobre as vendas ou serviços: ICMS, PIS, Cofins e ISS. Para maiores detalhes sobre o assunto, sugerimos buscar livros de contabilidade comercial ou tributária.

Considere o Quadro 6.2 a seguir.

Quadro 6.2 Detalhamento da receita líquida

Demonstração do Resultado da BGS Ltda.		
	20X1	
Receita Bruta de Vendas		153.000,00
(–) Deduções		
Descontos sobre Vendas	3.200,00	
Devoluções de Vendas	8.000,00	
Abatimentos de Vendas	1.450,00	
Tributos sobre Vendas	33.660,00	(46.310,00)
Receita Líquida de Vendas		106.690,00

Apesar das situações relatadas anteriormente, a informação mais importante tem sido a receita líquida. Assim, quando você tiver de analisar uma empresa, tenha atenção a esta linha.

PAUSA PARA REVISAR

1. Qual a diferença entre a receita bruta e a receita líquida?
2. Apesar dos nomes serem parecidos, o desconto é a mesma coisa que a devolução? Se a resposta for negativa, qual seria a diferença? E os abatimentos?
3. Uma pergunta adicional para pensar: na análise das informações contábeis, que estudaremos mais adiante, usamos a receita líquida e não a receita bruta. Você consegue indicar algum motivo?

Como vimos na seção anterior, existem quatro resultados que podem ser apurados por uma empresa. Cada um deles traz uma informação que pode ser importante para entender o desempenho. Em todos os resultados, se o valor for positivo, temos um lucro; caso contrário, um prejuízo. Vamos ver em detalhes cada um deles.

6.3.1 Resultado bruto

Refere-se à diferença entre a receita líquida e o custo dos produtos vendidos. Imagine um comércio que compra uma mercadoria para revender. O resultado bruto é a comparação entre a receita que foi gerada nas vendas e o quanto custaram as mercadorias. Em uma empresa que presta serviço, é a diferença entre a receita e o custo do serviço prestado. Na indústria, apura-se o quanto de insumos foi necessário para se obter o produto final, que também será vendido. Nesse caso, o resultado bruto é a comparação entre a receita gerada e quanto de custo foi necessário para produzir a quantidade de produtos que foi vendida.

Quadro 6.3 Apuração do resultado bruto

Receita Líquida de Vendas	106.690,00
(-) Custo das Mercadorias Vendidas	(58.679,50)
Lucro Bruto	48.010,50

Em geral, o resultado bruto é positivo, ou seja, temos um lucro bruto.

CONECTANDO TEORIA E PRÁTICA

A exceção é o caso de uma empresa que está vendendo produtos "abaixo do custo" para ganhar mercado. Entretanto, essa prática, denominada dumping, *é condenada pelo mercado, que entende que a empresa pretende eliminar a concorrência e impor preços mais altos posteriormente. Há também situações de produtos que perderam o valor de mercado em função de defasagens tecnológicas (obsolescência) ou por danos que levaram a perda na qualidade do produto.*

Quando a empresa adota inventário permanente, o valor do custo dos produtos é obtido facilmente nas fichas de controle de estoque, a qualquer momento. Nas empresas que adotam inventário periódico, esse valor é obtido de tempos em tempos, pois é necessário fazer o levantamento físico dos estoques para se obter o custo. Em empresas cujo estoque é composto por muitos itens, o inventário pode ser um processo demorado e que pode solicitar o fechamento da empresa durante o balanço, para ter maior exatidão. Com isso, é comum fazê-lo apenas no final do ano, para a elaboração das demonstrações contábeis.

6.3.2 Lucro (ou prejuízo) antes do resultado financeiro

Após obter o resultado bruto, é necessário considerar as despesas operacionais. Essas despesas não estão diretamente ligadas à receita, mas foram importantes para a empresa. Entre as despesas operacionais, temos: despesas de salários, comissão de vendas, despesa com energia, despesa de internet, fretes das vendas, despesa de depreciação, entre outras.

Na demonstração, apresentam-se segregados de acordo com o tipo de despesa. Assim, temos:

- **Despesas com vendas:** são aquelas que possuem certa correlação com as vendas, na medida em que seu valor varia em função da quantidade vendida, como é o caso do frete sobre vendas e da comissão de vendas (quanto mais a empresa vende, mais despesa incorrerá); ou despesas que afetarão as vendas, como no caso de despesas com propaganda.

- **Despesas administrativas:** referem-se aos gastos fixos em geral que não costumam variar com as vendas, como despesa de aluguel, depreciação, energia etc. Não importa se a empresa vende uma unidade ou 100, o valor do aluguel será o mesmo.

- **Outras receitas ou despesas operacionais:** neste caso, considera-se aqueles ganhos ou perdas que são "extraordinários", ou seja, não apresentam uma relação com a atividade operacional da empresa, como no caso da empresa BGS, que vende produtos de limpeza, mas que decide substituir um veículo de entrega por um modelo mais novo. A venda desse veículo é uma situação não corriqueira para a empresa e que pode gerar um ganho, caso a empresa venda por um valor superior ao que está registrado no balanço, ou uma perda, se o preço de venda for inferior. Outras situações que podem ser classificadas como não operacionais são as perdas decorrentes de geadas, enchentes, incêndios, greves etc. E outras situações de ganhos podem ser recebimento de dividendos, participação da empresa em outras companhias, receitas de aluguéis de propriedades para investimentos.

Quadro 6.4 Apuração do lucro antes do resultado financeiro

(-) Despesas Operacionais		
de Vendas		
Despesa de Frete	1.350,00	
Despesa com Comissão	4.270,00	(5.620,00)
Administrativas		
Despesa de Aluguel	7.900,00	
Despesa de Salários	9.600,00	
Despesa de Energia	850,00	
Despesa de Depreciação	12.200,00	(30.550,00)
Outras Receitas/Despesas		
Dividendos de Participações Societárias	8.800,00	
(–) Perda na Venda de Imobilizado	(3.500,00)	5.300,00
Lucro antes das Receitas e Despesas Financeiras		17.140,50

O lucro obtido daí pode ser caracterizado como sendo aquele das atividades operacionais da empresa. Apesar de ser menor que o resultado bruto, necessita-se que seja positivo para uma empresa ter sucesso.

6.3.3 Lucro (ou prejuízo) antes dos tributos sobre o lucro e das participações

Enquanto o resultado anterior se refere ao resultado operacional, aqui se trata do resultado financeiro. E o que seria isso? Quando uma empresa tem sobra de recursos, ela investe esses valores em aplicações financeiras. Apesar de não ser o objetivo de uma empresa, fazer essas aplicações pode ajudar a pagar algumas contas. Assim, a conta de ativo Aplicações Financeiras pode gerar receitas financeiras.

Mas quando a empresa precisa de recursos para fazer investimentos ou aplicar em suas operações diárias, ela busca dinheiro em bancos. São as dívidas, como os empréstimos e financiamentos, que a contabilidade classifica como passivo. Essas dívidas geram despesas financeiras ou juros, que deverão ser pagos algum dia. E se as dívidas estiverem em moeda estrangeira, a variação do câmbio pode trazer uma despesa ou receita. Isto também faz parte do resultado financeiro.

Quadro 6.5 Apuração do lucro antes dos tributos e participações

Lucro antes das Receitas e Despesas Financeiras		17.140,50
Descontos Financeiros Obtidos	775,60	
(–) Despesas de Juros	(100,00)	675,60
Lucro antes dos Tributos sobre a Renda e Participações		17.816,10

Somando tudo isto, temos o resultado financeiro. Se for positivo, é sinal que a Receita Financeira é maior que a Despesa Financeira, aumentando o resultado. Caso contrário, se for negativo, a Despesa Financeira é maior que a Receita Financeira, o que diminui o resultado.

6.3.4 Lucro (ou prejuízo) líquido

Depois de calcular o lucro após o resultado financeiro, muitas empresas começam a calcular o que pagarão de imposto de renda e contribuição social sobre o lucro. Por meio de uma intricada legislação, soma-se itens, subtrai-se outros, e chega-se a determinado valor. Sobre este valor, calcula-se um percentual que ficará com o governo. Com esse dinheiro, o governo construirá escolas, pagará os servidores públicos, fiscalizará quem não paga imposto, entre várias outras atividades.

Em algumas empresas também é previsto por lei participações estatutárias no resultado. Isto vai reduzir o resultado do período. As participações no lucro são: debêntures, empregados, administradores e partes beneficiárias. Segundo a legislação, a forma de calcular deve considerar a ordem apresentada na Figura 6.1, pois se trata de lucros remanescentes da participação calculada antes. Além disso, caso a empresa tenha prejuízos acumulados, estes serão reduzidos da base de cálculo tanto dos tributos quanto das participações.

Figura 6.1 Ordem de cálculo das participações sobre o lucro

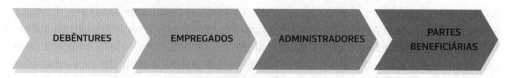

Fonte: ???

Mas o que são debêntures? E partes beneficiárias? Antes de prosseguir, uma pausa para explicar brevemente esses dois novos conceitos.

As **debêntures** são títulos que as sociedades anônimas podem negociar com o objetivo de captar recursos para financiar suas atividades. Em geral, esses títulos são vencíveis no longo prazo e os juros são calculados conforme a escritura de emissão. Também podem ser conversíveis em ação, ou seja, no vencimento, o dono da debênture poderá decidir se prefere receber o seu valor aplicado de volta ou trocar o título por ação da empresa. Já as **partes beneficiárias** são títulos emitidos apenas por companhias de capital fechado, que podem ser negociados ou doados gratuitamente, e que dão ao portador do título o direito de receber até 10% de participação nos lucros da empresa, conforme determinar o estatuto da empresa. Até 2001, as companhias abertas podiam emitir tais títulos, mas uma mudança na legislação as proibiu.

Considere o exemplo a seguir: A empresa BGS S.A. apresentava um lucro total antes dos tributos de R$ 17.816,10, como se vê no Quadro 6.6. Conforme seu estatuto, a empresa deverá destinar os seguintes percentuais de lucros aos participantes: debenturistas – 8%; empregados – 5%; administradores – 10%; partes beneficiárias – 5%. Considerando uma alíquota incidente sobre o lucro de 33%, o lucro após os tributos é de R$ 11.936,79. A empresa não apresenta saldo na conta de prejuízos acumulados. O valor das participações no lucro será:

Quadro 6.6 Apuração do lucro líquido

Lucro antes dos Tributos sobre a Renda e Participações		17.816,10
Imposto de Renda e Contribuição Social	5.879,31	
Participações de Debêntures	954,94	
Participações de Empregados	549,09	
Participações de Administradores	1.043,28	
Participações de Partes Beneficiárias	469,47	(8.896,10)
Lucro Líquido		8.920,00

Podemos observar no Quadro 6.6 que embora empregados e partes beneficiárias recebam a mesma proporção de lucros, ou seja, de 5%, os valores ficaram diferentes: R$ 549,09 e R$ 469,47, respectivamente. Isso se deve ao fato de que a base de cálculo de cada participação vai se alterando, conforme o Quadro 6.7.

Quadro 6.7 Cálculo dos tributos e participações

Lucro antes dos Tributos	17.816,10
(-) Prejuízos Acumulados	-
Base de cálculo dos tributos	17.816,10
(-) Imposto de Renda e Contribuição Social (33%)	- 5.879,31
Base de cálculo da participação de debêntures	11.936,79
1. Debêntures (8%)	- 954,94
Base de cálculo da participação de empregados	10.981,84
2. Empregados (5%)	- 549,09
Base de cálculo da participação de administradores	10.432,75
3. Administradores (10%)	- 1.043,28
Base de cálculo da participação de partes beneficiárias	9.389,48
4. Partes beneficiárias (5%)	- 469,47
	8.920,00

Vimos no final do Capítulo 5 que, a cada encerramento do resultado, as contas de resultado são encerradas para apurarmos o lucro ou prejuízo do exercício. Para isso, abrimos a conta transitória denominada Resultado do Exercício, que receberá todas as contrapartidas dos saldos das contas das receitas e despesas, à medida que essas forem sendo encerradas. Vamos supor que o contador da BGS já tenha feito o encerramento das contas de receitas e despesas no razonete e agora esteja com o saldo referente ao lucro antes dos tributos e participações na conta Resultado do Exercício, que seria de R$ 17.816,10, credor. Isso significa que a empresa apresentou o lucro e, portanto, terá de calcular os tributos e participações.

Para finalizar o processo de escrituração, temos de debitar os valores referentes aos tributos e às participações que foram calculados no Quadro 6.7, da seguinte forma:

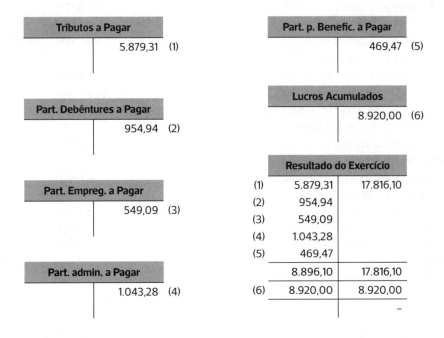

Com isso, no balanço patrimonial, teremos as contas de passivo: Tributos a Pagar e das cinco Participações a Pagar, que totalizam R$ 8.896,10; e de Lucros Aacumulados, do Patrimônio Líquido, de R$ 8.920,00.

Após analisarmos cada linha da demonstração, o Quadro 6.8 apresenta a DRE de forma consolidada:

Quadro 6.8 Demonstração do resultado do exercício da BGS

Demonstração do Resultado da BGS Ltda.		
		20X1
Receita Bruta de Vendas		153.000,00
(-) Deduções		
Descontos sobre Vendas	3.200,00	
Devoluções de Vendas	8.000,00	
Abatimentos de Vendas	1.450,00	
Impostos sobre Vendas	33.660,00	(46.310,00)
Receita Líquida de Vendas		106.690,00
(-) Custo das Mercadorias Vendidas		(58.679,50)
Lucro Bruto		48.010,50
(-) Despesas Operacionais		
de Vendas		
Despesa de Frete	1.350,00	
Despesa com Comissão	4.270,00	(5.620,00)
Administrativas		
Despesa de Aluguel	7.900,00	
Despesa de Salários	9.600,00	
Despesa de Energia	850,00	
Despesa de Depreciação	12.200,00	(30.550,00)
Outras Receitas/Despesas		
Dividendos de Participações Societárias	8.800,00	
(-) Perda na Venda de Imobilizado	(3.500,00)	5.300,00
Lucro antes das Receitas e Despesas Financeiras		17.140,50
Descontos Financeiros Obtidos	775,60	
(-) Despesas de Juros	(100,00)	675,60
Lucro antes dos Tributos sobre a Renda e Participações		17.816,10
Imposto de Renda e Contribuição Social	5.879,31	
Participações de Debêntures	954,94	
Participações de Empregados	549,09	
Participações de Administradores	1.043,28	
Participações de Partes Beneficiárias	469,47	(8.896,10)
Lucro Líquido		8.920,00

Feito isto, se a empresa teve um resultado positivo, temos um **lucro líquido**; o oposto é um **prejuízo líquido**. E, assim, chegamos ao fim da DRE. Ou seja, com isto, "demonstramos" como a empresa obteve o resultado. Essa é a última, e talvez a mais importante, linha da demonstração.

E para onde vai este resultado? Esse é tema da próxima seção.

6.4 DESTINANDO O RESULTADO

Se a empresa teve um prejuízo, esse resultado precisa ser "coberto". Isto pode ser feito de duas formas: com lucros que foram obtidos em períodos anteriores ou com capital — antigo ou novo. Suponha uma empresa que teve lucro no exercício passado. Prevendo que esse exercício seria difícil, os gestores e acionistas da empresa decidiram fazer uma **reserva** para as dificuldades que ocorreriam. Passado o ano, com o prejuízo líquido, a empresa agora pode usar essa reserva.

OBJETIVO ❹

Apresentar como é feita a destinação do resultado.

A melhor situação é quando se deve decidir sobre o destino do lucro da empresa. Quando a empresa apura o lucro, convoca-se uma assembleia entre os acionistas para decidir o que fazer. Existem três possibilidades para a destinação dos lucros acumulados, conforme a Figura 6.2.

Figura 6.2 Destinação dos lucros acumulados

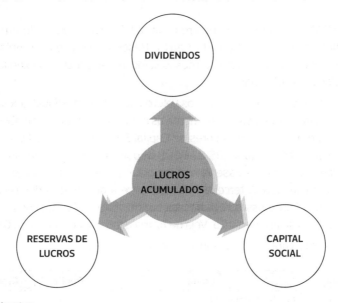

Fonte: elaborada pela autora.

Parte dele pode ir para os acionistas, sob a forma de **dividendos** e **juros sobre o capital próprio**. Outra parte pode ficar na empresa, seja para aumentar o capital ou para fazer reservas. Essa decisão da assembleia tem efeitos na contabilidade. Se o lucro ficar na empresa,

126 FUNDAMENTOS BÁSICOS DE CONTABILIDADE

vai aumentar o patrimônio líquido. Se for distribuído, cria-se uma obrigação de pagamento futuro, ou seja, um passivo (dividendos a pagar).

Considere a seguinte situação: a empresa BGS possui um capital social de R$ 30.000, reservas de R$ 2.000 e lucros acumulados de R$ 5.000. Somando esses três itens, tem-se um patrimônio líquido de R$ 37.000. Durante o exercício social, a empresa teve um lucro líquido de R$ 8.920.

A direção da empresa convocou a assembleia dos acionistas em janeiro. Depois de uma longa discussão, a proposta da direção de distribuir 25% do lucro do período (R$ 2.230 do lucro) foi aprovada. Assim, o patrimônio líquido final será de R$ 37.000 + R$ 8.920 – R$ 2.230 = R$ 43.690. Mas vamos fazer isto de maneira mais organizada: por meio da Demonstração das Mutações do Patrimônio Líquido (DMPL), a destinação do resultado fica mais clara para o usuário. Veja no Quadro 6.9 como seria essa demonstração:

Quadro 6.9 Demonstração das Mutações do Patrimônio Líquido da BGS

Demonstração das Mutações do Patrimônio Líquido			
	Capital Social	**Reservas**	**Lucros Acumulados**	**Total**
Saldo inicial	30.000,00	2.000,00	5.000,00	37.000,00
Lucro do exercício			8.920,00	8.920,00
Distribuição de Dividendos			(2.230,00)	(2.230,00)
Saldo final	30.000,00	2.000,00	11.690,00	43.690,00

Veja como a DMPL mostra o que ocorreu com a BGS. Nas colunas foram colocados os três principais itens do patrimônio líquido: Capital, Reservas e Lucros Acumulados. Também existe uma coluna de total. Nas linhas temos: o saldo inicial, o lucro do exercício, a distribuição de dividendos e o saldo final.

A primeira linha, do saldo inicial, repete os valores do patrimônio líquido existentes no final do exercício social anterior, que são exatamente os mesmos valores que se observa no balanço patrimonial. Podemos somar os valores de Capital Social, Reservas e Lucros Acumulados e encontrar o valor da coluna total (R$ 37.000). Depois, temos uma linha informando o lucro que foi apurado no exercício. Esse valor deve estar coerente com aquele que aparece na Demonstração do Resultado. A terceira linha refere-se à distribuição dos resultados, sob a forma de dividendos. Como esses recursos saíram dos Lucros Acumulados, e significa uma redução desta conta, o sinal é negativo. Veja de forma esquemática na Figura 6.3 a seguir.

No diário, o registro contábil da destinação seria:

Data	Conta	Débito	Crédito
Jan/X0	Lucros Acumulados	2.230	
	Dividendos a Pagar		2.230

Figura 6.13 Interligação entre as demonstrações contábeis

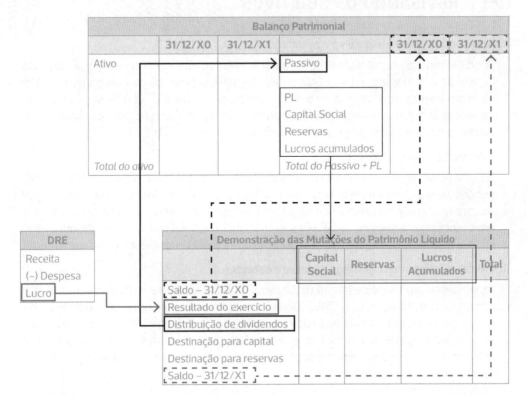

Fonte: elaborada pela autora.

Caso a empresa decidisse fazer destinações para reservas ou capital, os valores seriam também subtraídos da coluna de lucros acumulados e somados aos respectivos valores iniciais dessas contas na DMPL. Esses eventos geram um efeito nulo na coluna total, à medida que é negativo em lucros e positivo nas reservas ou capital. E os registros contábeis seriam semelhantes ao da destinação para dividendos: debitando Lucros Acumulados e creditando Reservas ou Capital Social.

Esse é o caso das sociedades anônimas que têm, por obrigação legal, destinar todo o saldo da conta de Lucros Acumulados. Isso significa dizer que, ao final do período, seu saldo será "zero" ou negativo – Prejuízos Acumulados.

REVISANDO OS OBJETIVOS

1. **Apresentar como o usuário vê o resultado**

   O objetivo da demonstração é apresentar como foi apurado o resultado do período. O nível de detalhamento das contas será determinado pelas exigências do usuário. Um exemplo é apresentar apenas a conta de "Despesa de Salários", condensando todos os valores destinados aos funcionários, como vale-transporte ou refeição e os tributos incidentes sobre a folha de pagamento, ou apresentá-la em detalhes.

2. **Demonstrar a importância da DRE**

   A Demonstração do Resultado apresenta uma síntese do que ocorreu durante determinado período, ou seja, todos os esforços (despesas) que foram realizados pela empresa para obter receitas. Também mostra se a empresa obtém recursos financeiros de terceiros e incorre em despesas com juros ou, se houver sobras financeiras, pode obter receitas de juros. Além disso, a partir do lucro obtido, é feita a apuração do imposto de renda e da contribuição social.

3. **Indicar os diferentes conceitos de lucro existentes**

   As empresas apresentam quatro resultados: (1) resultado bruto – obtido pela comparação entre a receita líquida e o CMV; (2) o lucro (ou prejuízo) antes do resultado financeiro – é o resultado obtido da subtração do resultado bruto e as despesas operacionais, como vendas, administrativas e outras receitas ou despesas; (3) lucro (ou prejuízo) antes dos tributos sobre o lucro e das participações – subtrai-se as receitas e despesas financeiras; (4) lucro (ou prejuízo) líquido – calcula-se os tributos sobre o lucro e as participações: debêntures, empregados, administradores e partes beneficiárias, para obter-se o lucro ou prejuízo final da empresa, que finalmente, pertence aos proprietários.

4. **Apresentar como é feita a destinação do resultado**

   O lucro gerado no período poderá ter três possíveis destinações: (1) aumentar o Capital Social; (2) destinar como dividendos ou Juros sobre o Capital Próprio; (3) constituir Reservas de Lucros. As reservas podem ser criadas de forma obrigatória, determinadas pela legislação, pelo estatuto social da empresa ou facultativa, desde que aprovadas pelos acionistas.

CONSTRUINDO SEU DICIONÁRIO

_____ : apresenta, de forma detalhada, as mudanças que aconteceram nas contas do patrimônio líquido entre dois exercícios.

_____ : são aquelas que a empresa realiza com o objetivo de melhorar (despesa com publicidade) ou em decorrência das vendas efetuadas (despesa com frete).

_____ : são as despesas incorridas com o objetivo de realizar suas operações, como despesas de aluguel, depreciação e salários.

_____ 🖉 : são títulos negociáveis em bolsa de valores com o objetivo de captar recursos para financiar as atividades das empresas.

_____ 🖉 : quando a empresa apura lucro, parte dele pode ser destinado para os acionistas.

_____ 🖉 : são ganhos ou perdas extraordinários, ou seja, não apresentam relação com a atividade operacional da empresa, como as perdas decorrentes de incêndios, greves etc. E os ganhos pelo recebimento de dividendos, pela venda de ativos não circulantes ou receitas de aluguéis de propriedades para investimentos.

_____ 🖉 : são títulos que podem ser negociados ou doados gratuitamente por companhias de capital fechado, nos quais o portador tem o direito de receber participação nos lucros.

_____ 🖉 : do lucro líquido apurado na DRE, representa a parte que será guardada para uma finalidade, como no caso de uma contingência futura (prejuízos previstos) ou para expansão dos negócios.

✅ QUESTÕES DE REVISÃO

1. Com respeito ao formato da Demonstração do Resultado, é possível afirmar que:

a) Apresenta como foi obtido o resultado durante um exercício social.

b) Contém entre 30 a 100 linhas e fornece uma visão muito detalhada de todo tipo de receita e despesa.

c) Segue um padrão indutivo, começando pelo lucro, seguido das despesas e, por fim, as receitas.

d) Todas as despesas estão agrupadas em um único item, chamado de despesas operacionais.

2. "Representa o esforço necessário para gerar receita". Trata-se da definição de:

a) Despesa.

b) Exercício social.

c) Receita bruta.

d) Resultado.

3. O resultado financeiro é composto:

a) Das receitas financeiras decorrentes das aplicações financeiras.

b) Dos juros que a empresa tem com sua dívida.

c) Da diferença entre as despesas financeiras e das receitas financeiras.

d) Do resultado dos investimentos realizados, inclusive em outras empresas.

4. A receita líquida corresponde à diferença entre _____ e _____.

a) lucro antes de imposto – imposto de renda

130 FUNDAMENTOS BÁSICOS DE CONTABILIDADE

b) receita – custo da mercadoria vendida

c) receita – despesas

d) receita bruta – descontos/devoluções/abatimentos/tributos sobre vendas

5. O resultado de uma empresa é destinado aos acionistas por meio do(s)/da(s):

a) Despesas financeiras.

b) Dividendos.

c) Imposto de renda.

d) Reserva.

6. Essa demonstração mostra a destinação do resultado de uma empresa:

a) Balanço Patrimonial.

b) Demonstração das Mutações do Patrimônio Líquido.

c) Demonstração do Resultado do Exercício.

d) Demonstração dos Fluxos de Caixa.

7. Uma empresa comprou mercadorias, mas ainda não efetuou sua venda. Isto afetará:

a) O Balanço Patrimonial e a Demonstração do Tesultado.

b) O Balanço Patrimonial somente.

c) A Demonstração do Resultado somente.

d) A Demonstração dos Fluxos de Caixa.

8. É possível afirmar que a receita bruta será _____ que a receita líquida de uma empresa em razão da existência de descontos, devolução, abatimentos e tributos de vendas:

a) igual

b) maior

c) menor

d) menor (se desconto for maior que devolução, abatimento e tributos)

9. Títulos que as sociedades anônimas podem negociar com o objetivo de captar recursos para financiar as suas atividades:

a) Debêntures.

b) Empréstimos.

c) Financiamentos.

d) Partes beneficiárias.

10. Quando a empresa deixa parte do lucro sem distribuir, isto aumentará:

a) O caixa e equivalentes.

b) Os empréstimos e financiamentos.

c) As participações de empregados.

d) As reservas.

11. Dos itens a seguir, refere(m)-se à DRE:

a) São consideradas deduções da receita bruta as devoluções, os abatimentos, os descontos financeiros e os impostos sobre as vendas.

b) Os ganhos ou perdas na venda de bens permanentes são calculados pela comparação entre o resultado na venda e o seu valor contábil líquido da depreciação e são reconhecidos como "outras receitas ou despesas".

c) O lucro bruto é facilmente obtido das fichas de controle de estoques das empresas que adotam inventário permanente.

d) As participações sobre o lucro são calculadas depois da dedução dos impostos sobre os lucros. A ordem de cálculo é importante, já que a base de cálculo é sempre deduzida da participação anterior: empregados, administradores, debêntures e partes beneficiárias.

EXERCÍCIOS

1. Classifique as contas a seguir em contas patrimoniais (P) ou de resultado (R):
   a) ( ) Custo da Mercadoria Vendida
   b) ( ) Despesa Antecipada
   c) ( ) Despesa com Vendas
   d) ( ) Estoques
   e) ( ) Lucros Acumulados
   f) ( ) Receita Diferida
   g) ( ) Receita de Serviços

2. Uma empresa apurou os seguintes saldos nas contas de resultado:
   Abatimento de Venda = R$ 30;
   Descontos Comerciais Concedidos = R$ 80;
   Devolução de Venda = R$ 50;
   ICMS sobre Venda = R$ 200;
   Receita Bruta de Venda = R$ 2.000.

   A conta de receita possui um saldo credor; as demais, saldo devedor. Determine o valor da receita líquida de vendas.

3. Considere os seguintes saldos:
   Custo da Mercadoria Vendida = R$ 180;
   Despesa com Vendas = R$ 20;
   Despesa Administrativa = R$ 60;
   Despesa de Salários = R$ 100;
   Receita Líquida de Vendas = R$ 400.

   Quais os valores do resultado bruto e do resultado operacional da empresa?

4. Uma empresa apurou um lucro antes do resultado financeiro de R$ 10.000. O resultado financeiro mostra que as despesas financeiras são maiores que as receitas financeiras em R$ 2.000. Sobre o lucro após o resultado financeiro, a empresa calcula o imposto de renda, multiplicando este lucro por uma alíquota de 34%. Qual o valor do imposto de renda apurado pela empresa?

5. Sobre o lucro após os tributos, uma empresa deve pagar participações de empregados no valor de R$ 2.000. Esse é o único item na apuração do resultado líquido, que foi apurado como sendo R$ 10 mil. Qual o valor do lucro após impostos?

6. Considere as seguintes informações:
   I. Despesa Financeira = R$ 2.000
   II. Imposto de Renda = 30%, se o lucro antes dos tributos for maior que R$ 6.000; 25%, se o lucro for menor que R$ 6.000
   III. Lucro Antes do Resultado Financeiro = R$ 5.600
   IV. Participações de empregados = 5% do lucro
   V. Receita Financeira = R$ 400

   Determine o lucro líquido da empresa.

7. Admita que o patrimônio líquido inicial de uma empresa seja composto da seguinte forma:
   Capital = R$ 100
   Reservas = R$ 70
   Prejuízos Acumulados = R$ 50

   Durante o exercício, a empresa apurou um resultado de R$ 90. A administração da empresa propôs que esse resultado seja usado para absorver o prejuízo acumulado (ou seja, zerar o valor existente). O restante seria metade distribuída para os acionistas, metade para aumento de capital. A partir dessa informação, construa a DMPL da empresa. Qual o valor do patrimônio líquido no final do período?

8. Em muitos empréstimos existem cláusulas que determinam que, caso uma empresa tenha certas condições (endividamento, lucro, tamanho do patrimônio líquido etc.), o valor dos juros cobrados pode ser maior. Considere o exemplo numérico anterior. Admita que a empresa seria punida por uma cláusula desse tipo, se o patrimônio líquido ficasse abaixo de R$ 200. Caso a empresa optasse por tentar não ser punida, isto poderia mudar a proposta de distribuição de dividendos?

CAPÍTULO 7

COMO O USUÁRIO EXTERNO VÊ O BALANÇO PATRIMONIAL?

OBJETIVOS DESTE CAPÍTULO
1. Identificar a utilidade do Balanço Patrimonial.
2. Definir os conceitos de ativo, passivo e patrimônio líquido.
3. Diferenciar os conceitos de circulante e não circulante.
4. Mostrar como é elaborado o Balanço Patrimonial.

ANTES DE COMEÇAR...

Existem diversos termos usados na linguagem coloquial que são originários da contabilidade. Geralmente isso ocorre em situações onde o sentido do termo técnico apresenta uma boa ideia do que queremos falar. O primeiro é "fazer um balanço". Geralmente usamos essa expressão para dizer que vamos analisar tudo aquilo que ocorreu recentemente e fazer um resumo. Esse termo, quando usado na contabilidade, significa que encerraremos um exercício social, apurar o resultado e apresentar um Balanço Patrimonial. Todo esse processo corresponde a fazer um resumo da situação da empresa e apresentar o resultado para um grupo de pessoas, os usuários.

Outra expressão típica da linguagem coloquial é "fechado para balanço". Uma pessoa pode dizer isso quando pretende comunicar aos conhecidos que não está disponível para relacionamentos naquele momento. Essa pessoa está analisando o que ocorreu recentemente com sua vida, tentando se recuperar de dores sofridas, e começa a fazer planos para o futuro. Observe que o termo está associado às grandes questões da nossa vida. É um evento importante. Na contabilidade, quando uma empresa está encerrando o exercício social, para apurar o resultado, é comum fechar suas portas para fazer essa atividade. Se é um comércio, ao não abrir as portas em razão de estar "fechada para balanço", significa que as pessoas estão contando os estoques, inclusive fazendo o levantamento do inventário patrimonial. Geralmente é mais fácil realizar essa atividade sem o atendimento ao público e usando todos os funcionários disponíveis.

INTRODUÇÃO

Enquanto a Demonstração do Resultado do Exercício mostra o desempenho de uma empresa durante determinado período, o balanço patrimonial apresenta as condições que tornaram possível esse desempenho. Representa a tradução, em forma de demonstração, da equação básica que apresentamos no Capítulo 1: Ativo = Passivo + Patrimônio Líquido.

Se a Demonstração do Resultado reflete o fluxo de receitas e despesas que ocorreu durante um período (um ano, um semestre, um trimestre etc.), o Balanço corresponde a uma fotografia do que existia, em determinado momento específico de tempo: último dia do ano, por exemplo. Como explicamos no capítulo anterior, a escolha dessa data é mais por motivo de conveniência, já que, para calcular os tributos, as empresas precisam verificar qual foi o lucro do ano.

A receita obtida por uma empresa decorre de ativos que estavam disponíveis; da mesma forma, as despesas financeiras são derivadas de um passivo existente. Assim, existe uma relação muito próxima entre a Demonstração do Resultado e o Balanço Patrimonial.

O equilíbrio existente no Balanço Patrimonial, onde suas duas colunas apresentam o mesmo valor, dá a impressão de que há uma exatidão na contabilidade. Antes, mostramos que esse equilíbrio é resultante do método das partidas dobradas, no qual, para cada evento contábil, existe um(ou mais) lançamento(s) a débito e um(ou mais) lançamento(s) a crédito com igual valor. É deste equilíbrio que deriva o nome "Balanço".

7.1 UTILIDADE DO BALANÇO PATRIMONIAL

O Balanço Patrimonial geralmente é apresentado em duas grandes colunas. Do lado esquerdo, estão listados os ativos da empresa, incluindo o dinheiro em espécie, o valor existente na conta-corrente da empresa, os seus estoques, os valores a receber de terceiros, os terrenos, as máquinas, os computadores, entre outros itens. Do lado direito, estão listadas as obrigações da empresa, que na contabilidade denominamos **passivo**. São as dívidas com os funcionários, os impostos que ainda não foram pagos, os empréstimos existentes etc. Ainda do lado direito, embaixo, está o patrimônio líquido, com destaque ao capital dos sócios. Essa estrutura também pode ser vista da seguinte forma:

OBJETIVO ❶

Identificar a utilidade do Balanço Patrimonial.

Figura 7.1 Estrutura do balanço patrimonial

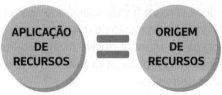

Fonte: elaborada pela autora.

CAPÍTULO 7 | **COMO O USUÁRIO EXTERNO VÊ O BALANÇO PATRIMONIAL?** 135

No início deste livro, no Capítulo 1, mostramos o exemplo de João Henrique, com sua lista de ativos e passivos. Reapresentamos o Balanço Patrimonial dele, na parte de cima do Quadro 7.1. Ao observarmos o balanço do João Henrique, percebemos que seus ativos totalizam R$ 38.000 e ele tem uma dívida de R$ 4.650. Seu Balanço Patrimonial nos permite constatar que sua situação é bastante confortável.

Para compararmos, temos também o balanço de Paulo César, no mesmo Quadro 7.1. Ele possui dois ativos: uma aplicação de R$ 1.000 e um veículo no valor de R$ 37.000. Para ter esse automóvel, Paulo César pegou um empréstimo. Desta dívida, ele pagou uma pequena parcela no valor de R$ 1.000.

Quadro 7.1 Comparação de Balanços Patrimoniais

BALANÇO PATRIMONIAL – João Henrique			
Aplicação	20.000	Contas a Pagar	4.650
Empréstimo Concedido	5.000		
Veículos	13.000	Capital Social	33.350
Ativo	*38.000*	*Passivo + PL*	*38.000*

BALANÇO PATRIMONIAL – Paulo César			
Aplicação	1.000	Contas a Pagar	36.000
Empréstimo Concedido	–		
Veículos	37.000	Capital Social	2.000
Ativo	*38.000*	*Passivo + PL*	*38.000*

Apesar de ambos terem o mesmo montante de ativo, a situação de João Henrique parece bem mais folgada. Suas dívidas, de R$ 4.650, podem ser pagas com os recursos existentes na caderneta de poupança. Isto faz com que seu patrimônio líquido seja bem maior que o de Paulo César. Ao comparar os dois balanços, notamos que João Henrique possui uma "folga" de recursos e que Paulo César tem uma grande dívida no seu balanço. São duas informações importantes sobre a situação financeira de ambos. Quem olha somente o automóvel de Paulo César, pensa que ele está melhor na sua vida financeira que o seu amigo João Henrique: afinal seu automóvel tem um grande valor. Mas ele está mais endividado e tem pouco recurso investido.

Vejamos outra situação: Priscila e Kamila são irmãs e receberam R$ 60 mil de herança. Cada uma usou esse dinheiro comprando um imóvel no valor de R$ 50 mil cada. Logo após a compra, fizeram um contrato de aluguel. A diferença é que Priscila comprou um imóvel no bairro Alfa e Kamila adquiriu seu imóvel no bairro Ômega. Ao final do ano, Priscila tinha apurado uma receita de aluguel de R$ 6 mil, enquanto Kamila conseguiu um valor de aluguel de R$ 2 mil. Nós apresentamos o Balanço Patrimonial e a Demonstração do Resultado das irmãs na no Quadro 7.2:

FUNDAMENTOS BÁSICOS DE CONTABILIDADE

Quadro 7.2 Comparando resultados do exercício

BALANÇO PATRIMONIAL – Priscila			
Aplicação	10.000	Contas a Pagar	1.000
Imóvel	50.000	Capital Social	59.000
Ativo	60.000	Passivo + PL	60.000

DRE – Priscila	
Receita de Aluguel	6.000
(–) Despesa	–600
Lucro	5.400

BALANÇO PATRIMONIAL – Kamila			
Aplicação	10.000	Contas a Pagar	1.000
Imóvel	50.000	Capital Social	59.000
Ativo	60.000	Passivo + PL	60.000

DRE – Kamila	
Receita de Aluguel	2.000
(–) Despesa	–600
Lucro	1.400

Nessa situação, perceba que elas apresentam um Balanço Patrimonial exatamente igual. E que o imóvel que cada uma das irmãs comprou gera uma receita de aluguel, assim como despesas (manutenção, impostos e outras), o que também está apresentado no Quadro 7.2. Neste exemplo, ao observar o lucro de cada uma das irmãs, é possível notar que a decisão de investimento de Priscila foi muito mais acertada que a de Kamila. Com a mesma quantidade de ativo, ela obteve um resultado melhor que o da sua irmã. O Balanço Patrimonial, junto à Demonstração do Resultado, permitiu uma análise muito mais rica da situação das irmãs.

Assim, o balanço permite:

- observar a fonte dos recursos – veja o caso de João Henrique e Paulo César. O primeiro tem pouca dívida e o segundo parece bastante endividado.

- ter uma noção para onde foram os recursos – no segundo caso, as irmãs aplicaram seus recursos em imóveis, ambos do mesmo valor.

- em associação com a Demonstração do Resultado, verificar se as decisões foram boas ou não – novamente, no segundo caso, o imóvel de Priscila vem tendo um desempenho bem melhor que o da sua irmã.

- verificar se, em caso de necessidade, existe reservas para essa eventualidade – se algo inesperado ocorrer na vida de João Henrique, ele possui uma reserva de R$ 20 mil; já Paulo César tem uma reserva de somente mil reais. Existindo uma necessidade, Paulo César poderá pedir um empréstimo; mas ele já está bastante endividado e, por isso, talvez encontre dificuldades para obter esse dinheiro; sua saída provavelmente seria vender o seu maior ativo, o automóvel.

O exemplo que apresentamos mostrou situações comparativas de uma pessoa em relação à outra. Mas também podemos fazer comparações de uma mesma pessoa em momentos distintos no tempo. Vamos imaginar, por exemplo, que o Balanço de José Henrique tenha, um ano depois, alterado um pouco. O Quadro 7.3 compara o Balanço dele em dois anos. Na parte de cima, mostramos o Balanço que já conhecemos; na parte debaixo, o Balanço um ano depois.

CAPÍTULO 7 | **COMO O USUÁRIO EXTERNO VÊ O BALANÇO PATRIMONIAL?**

Quadro 7.3 Comparando balanços patrimoniais no tempo

BALANÇO PATRIMONIAL – João Henrique – Momento 1			
Aplicação	20.000	Contas a Pagar	4.650
Empréstimo Concedido	5.000		
Veículos	13.000	Capital Social	33.350
Ativo	38.000	Passivo + PL	38.000

BALANÇO PATRIMONIAL – João Henrique – Momento 2			
Aplicação	35.000	Contas a Pagar	2.200
Empréstimo Concedido	4.000		
Veículos	10.000	Capital Social	46.800
Ativo	49.000	Passivo + PL	49.000

Outra forma de apresentar a mesma informação está no Quadro 7.4. Agora podemos comparar o que ocorreu com José Henrique entre duas datas. Veja que o exemplo que apresentamos mostra uma situação simples, mas a análise detalhada de um balanço pode ajudar a dizer o que ocorreu com uma empresa entre dois períodos distintos.

Quadro 7.4 Fazendo comparação: outra maneira de apresentar

	Momento 2	Momento 1		Momento 2	Momento 1
Aplicação	35.000	20.000	Contas a Pagar	2.200	4.650
Empréstimo Concedido	4.000	5.000			
Veículos	10.000	13.000	Capital Social	46.800	33.350
Ativo	49.000	38.000	Passivo + PL	49.000	38.000

Esse é o modelo que utilizamos para apresentação das demonstrações contábeis. Embora a legislação não preveja que as empresas façam demonstrações comparativas, existem outros reguladores, como a CVM, que exigem. Além disso, as empresas também acabam por publicá-las, comparando dois ou três anos, com o objetivo de facilitar a análise pelos usuários.

 PAUSA PARA REVISAR

Use o exemplo da do Quadro 7.4 para verificar o que ocorreu com o Balanço Patrimonial de José Henrique. Depois responda a essas perguntas:

1. O volume de recursos aplicados aumentou ou diminuiu?

2. A dívida dele está maior ou menor?

3. O total de ativos aumentou ou diminuiu?

7.2 ATIVO, PASSIVO E PATRIMÔNIO LÍQUIDO

Até este momento, nós apresentamos o balanço com os seus principais grupos. Mostramos exemplos de itens que se enquadram em cada grupo, mas não definimos o que seria ativo, passivo e patrimônio líquido. Chegou o momento de apresentar essa definição.

> **OBJETIVO** ❷
> Definir os conceitos de ativo, passivo e patrimônio líquido.

Vamos começar com o ativo. Para que algo seja classificado como um ativo, três aspectos são necessários: (1) tem de ser um recurso econômico; (2) controlado pela empresa; (3) resultado de um evento passado.

Figura 7.2 Definição de ativo

Fonte: elaborada pela autora.

Para ser um recurso econômico, é necessário que gere riqueza para uma empresa. Assim, um ativo é algo que ajuda a empresa a ficar mais rica. Um imóvel é um ativo, já que pode gerar riqueza por meio do aluguel; uma máquina é um ativo, pois gera riqueza produzindo algum produto ou serviço que será vendido; ou um estoque é um ativo, pois ajuda a empresa a obter receita. Mas um computador antigo e ultrapassado, que nem sequer possui valor como sucata, não é um ativo, já que a empresa não o utiliza mais e nem teria como vendê-lo, pois não haveria compradores interessados. Portanto, ela não ficará mais rica com ele. Entretanto, se esse computador antigo ainda está sendo útil em alguma tarefa, mesmo que não tenha valor de venda, ele é um recurso econômico. É, portanto, um ativo, já que gera riqueza.

A riqueza gerada por um recurso econômico deve ser controlada pela empresa. O que significa isso? Que a riqueza gerada é da empresa. Se a empresa possui a escritura de um terreno que está sendo ocupado por terceiros e, por este motivo, não gera riqueza para a empresa, não é um ativo. Uma conta a receber de um cliente que faliu, em que a chance de recuperar o recurso é muito reduzida, também não é um ativo.

Finalmente, um ativo está baseado em algo que ocorreu no passado. Pode ser um contrato de compra de um imóvel, que comprove que o terreno é de propriedade da empresa; ou um documento que mostre que alguém tem uma dívida com a empresa.

Se você quiser ter uma definição bem resumida de ativo, basta pensar que é algo que permite uma empresa ficar mais rica.

E o automóvel de João Henrique? Se ele usa para ir ao trabalho, o automóvel o está ajudando a ficar mais rico. Mesmo que isto não ocorra, ele pode vender o seu carro. O imóvel de Kamila, mesmo não rendendo um aluguel tão bom quanto o de Priscila, também é um ativo. O imóvel gera riqueza para Kamila.

O passivo corresponde a uma obrigação existente atualmente, que vai fazer com que a empresa transfira, no futuro, recurso econômico. Além disso, o passivo aparece em razão de algo que ocorreu no passado. São três condições para que algo seja um passivo: (1) deve ser uma obrigação; (2) vai gerar um ônus para a empresa no futuro; (3) tem sua origem em algo que ocorreu no passado.

Figura 7.3 Definição de passivo

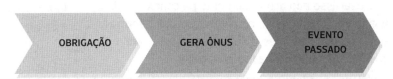

Fonte: elaborada pela autora.

Um empréstimo bancário é um passivo, já que é uma obrigação; nos próximos meses, a empresa deve pagar esse empréstimo, transferindo dinheiro para o banco; e o empréstimo existe porque, no passado, a empresa fez um contrato com o banco. Uma conta de salários a pagar é um passivo, já que existe hoje uma obrigação para a empresa. No passado, o funcionário prestou serviço que levou à criação do passivo, e este terminará quando a empresa pagar o salário (transferir dinheiro) ao funcionário.

Se tiver de resumir a definição de passivo, assim como fizemos com o ativo, devemos usar a palavra **obrigação**.

Finalmente, o patrimônio líquido não possui uma definição. Corresponde à diferença entre o ativo e o passivo. Portanto, é a "sobra" de recursos que a empresa apresenta ao pagar seus credores e que pertence aos proprietários.

Figura 7.4 Definição de patrimônio líquido

Fonte: elaborada pela autora.

PAUSA PARA REVISAR

Associe cada um dos itens do Balanço de José Henrique, apresentados no Quadro 7.3 (ou 7.4), com a definição de ativo e passivo que apresentamos agora.

7.3 CIRCULANTE E NÃO CIRCULANTE

Quem olha o Balanço de uma empresa pode ter notado que existe certa ordem na apresentação. O ativo sempre está ao lado esquerdo; o passivo aparece no lado direito, no alto; o patrimônio líquido é colocado, em geral, no lado direito, embaixo. Adotar a mesma forma para mostrar as informações facilita para quem vai usar. Isso não ocorre somente na contabilidade; pense no teclado do computador, na disposição das informações no celular ou dos controles de um automóvel. Facilita o uso quando existe um padrão para todos os casos.

OBJETIVO ③
Diferenciar os conceitos de circulante e não circulante.

Na contabilidade, a ordem de apresentação também aparece na disposição dos diversos itens que fazem parte do ativo, passivo e patrimônio líquido. O critério escolhido para a apresentação do ativo é a **liquidez,** ou seja, a capacidade de um ativo ser transformado em dinheiro. Vamos explicar usando dois tipos de ativos de uma empresa: os estoques e a aplicação financeira. Se uma empresa decide transformar um estoque em dinheiro, ela deve vender este estoque; se a venda for a prazo, a empresa deve esperar um pouco para receber. Veja agora o caso da aplicação financeira. Para transformar a aplicação em dinheiro, muitas vezes basta uma ligação ou acessar o site do banco e fazer o resgate. Enquanto transformar o estoque em dinheiro é muito mais complicado e demorado, a aplicação financeira é muito mais simples. Dizemos então que a liquidez da aplicação financeira é maior que a liquidez do estoque.

Veja agora o exemplo que apresentamos no Quadro 7.4. O Balanço Patrimonial de José Henrique possui três elementos (Aplicação Financeira, Empréstimo Concedido e Veículos, nessa ordem). A Aplicação Financeira possui uma liquidez muito maior que o Empréstimo Concedido; e este, por sua vez, é mais líquido que o Automóvel.

Além de colocar os itens do ativo e do passivo na ordem que podem ser transformados em dinheiro ou serem pagos, há outra ordenação importante no Balanço Patrimonial. Essa ordem classifica os itens na possibilidade de serem transformados em dinheiro ou pagos em até um exercício social e em mais de um exercício social. O primeiro caso recebe a denominação de **circulante**; o segundo caso, de **não circulante**. O mesmo ocorre com um passivo da empresa: se a empresa vai pagar até o final do exercício social, o passivo é considerado como circulante; se só vai pagar após o final do exercício social, o passivo é agrupado como não circulante. Considera-se exercício social o período de um ano calendário que, em geral, abrange os doze meses correntes do ano, ou seja, de janeiro a dezembro.

O ativo circulante é constituído por quatro elementos: (1) pelo caixa propriamente dito e de outras contas que serão convertidas em caixa em um curtíssimo tempo, que são os **equivalentes de caixa**. Equivalentes de caixa são os recursos de curtíssimo prazo, que podem rapidamente ser convertidos em caixa, que apresentam um montante conhecido e que apresentem um risco insignificante de perder valor. Assim, os valores colocados em poupança ou outras aplicações financeiras que não possuam carência para a retirada do dinheiro são classificados como equivalentes de caixa. Se essa aplicação tiver um prazo de carência para saque, ou o montante sacado for substancialmente diminuído, não podem ser classificados como equivalentes de caixa.

Figura 7.5 Definição de equivalentes de caixa

Fonte: elaborada pela autora.

Depois, temos: (2) os **recebíveis**, como os Clientes e as Duplicatas a Receber; (3) os **estoques**, que podem ser vendidos ou consumidos pelas empresas em suas operações ou na fabricação de seus produtos, no caso de uma indústria; (4) as **despesas antecipadas**, por exemplo, os Seguros ou Aluguéis Antecipados.

Já o ativo não circulante é dividido em quatro grupos: (1) realizável a longo prazo, que são os mesmo itens do recebíveis, como Clientes e Duplicatas, mas que, como explicamos, somente se tornarão caixa após o exercício social; (2) investimentos, que são os itens que não têm relação com as atividades operacionais da empresa, como Imóveis para Investimento, Obras de Arte ou Ações de Outras Empresas; (3) recursos tangíveis, que possuem relação com as operações, como no caso de Instalações, Móveis, Máquinas, Equipamentos, Veículos etc.; e, finalmente, (4) intangível, que corresponde a contratos, direitos, licenças e outros ativos imateriais, como o caso de Marcas e Patentes, *Softwares*, Concessões do Estado na exploração de rodovias, abastecimento de energia, coleta de lixo, entre outros.

Veja o caso do Empréstimo Concedido no Balanço Patrimonial de José Henrique. Se ele acreditar que receberá até o final do próximo exercício social, deverá considerar como ativo circulante; se achar que não vai receber, será um ativo não circulante. Mais um detalhe: se achar que uma parte será recebida antes do final do exercício social e outra parte após, deve classificar cada parte como circulante ou não circulante.

FUNDAMENTOS BÁSICOS DE CONTABILIDADE

Outra possibilidade que pode ser adotada para a classificação em circulante e não circulante é o ciclo operacional das empresas. Essa medida se refere ao tempo em que as empresas levam para transformarem seus ativos em caixa. Consideremos dois exemplos de empresas com atividades operacionais diferentes: uma oficina mecânica e uma construtora de apartamentos.

Quando um cliente vai à oficina, ele pede ao mecânico que faça a troca de óleo, evento realizado em meio período e, no final do dia, ele retira seu veículo e faz o pagamento pelo serviço prestado. Significa que o ciclo operacional seria de apenas um dia (ou de apenas meio período). Caso o cliente pague a prazo, com cartão de crédito, em 30 dias, esse seria o período do ciclo operacional.

No caso da construtora, a empresa demora cerca de dois anos para construir seus apartamentos, que seriam o processo de transformar os materiais de consumo em estoque de produtos que serão vendidos. Após serem concluídos, os apartamentos serão vendidos e leva-se um tempo para serem recebidos. A soma desses prazos seria o tamanho do ciclo operacional.

Portanto, perceba que o ciclo operacional da construtora superaria o exercício social, pois só o período da construção é de dois anos. Nesse caso, como o ciclo operacional supera o exercício social, a empresa poderá escolher se quer classificar seus ativos e passivos em circulante e não circulante considerando o prazo de realização de um ano ou o tamanho total do ciclo operacional.

Do lado do passivo, a ideia é a mesma. Os itens estão colocados na ordem que serão pagos (de exigibilidade). E, da mesma forma que fizemos com o ativo, faz-se a segregação entre passivo circulante e passivo não circulante, considerando-se o exercício social ou o ciclo operacional, o que for maior. O Quadro 7.5 apresenta o Balanço Patrimonial da empresa BGS Ltda. em 31/12/20X0:

Quadro 7.5 Balanço Patrimonial da empresa BGS Ltda.

BALANÇO PATRIMONIAL			
Ativo Circulante	1.450	*Passivo Circulante*	2.500
Caixa e Equivalentes	100		
Recebíveis	300		
Estoques	800		
Despesas Antecipadas	250		
Ativo Não Circulante	34.550	*Passivo Não Circulante*	3.500
Recebíveis a Longo Prazo	2.100		
Investimentos	1.950		
Imobilizado	24.000	*Patrimônio Líquido*	30.000
Intangível	6.500		
Total do Ativo	36.000	*Total do Passivo + PL*	36.000

7.4 ELABORAÇÃO DO BALANÇO PATRIMONIAL

O Balanço Patrimonial pode ser elaborado em qualquer data. Em algumas empresas, faz sentido elaborar o Balanço em períodos menores, como é o caso de um banco. Em outras empresas, talvez o caso mais comum, os Balanços são elaborados em períodos maiores.

OBJETIVO ❹

Mostrar como é elaborado o Balanço Patrimonial.

Com o desenvolvimento dos sistemas de informação, tornou-se mais fácil a elaboração do Balanço Patrimonial em períodos menores. Com esses sistemas, é possível encerrá-lo apenas com a execução de um comando do computador da empresa. Entretanto, os valores obtidos não podem ser considerados como um "autêntico" balanço encerrado por uma série de razões.

Como nós dissemos no início do capítulo, a frase "fechado para balanço" corresponde à empresa fazer uma pausa para verificar o que foi feito e fazer planos para o futuro próximo. E isto não acontece quando alguém executa um comando no computador. Existem algumas atividades que necessariamente são realizadas nesse processo, que extrapola a mera execução do comando. Isto inclui, por exemplo:

- levantamento físico do inventário, para acertar a quantidade existente nos registros contábeis com aquela que efetivamente está nas prateleiras da empresa;
- fazer os lançamentos contábeis relacionados com o reconhecimento da passagem do tempo (ajustes), como a despesa de depreciação;
- verificar a existência de passivos trabalhistas, fiscais e outros que não estão contabilizados, assim como verificar aqueles atualmente existentes para certificar a situação atual;
- fazer alguns procedimentos contábeis, como a verificação da existência de algum item que não mais atende a definição de ativo ou passivo.

A listagem acima é somente um exemplo da grande quantidade de tarefas que são realizadas pela empresa durante a fase de encerramento do Balanço Patrimonial. Mas não termina nisso. Se as demonstrações contábeis são auditadas, a empresa responsável deve fazer os procedimentos para a emissão do relatório de auditoria. Depois, as demonstrações devem passar pelos conselhos da empresa, que inclui o comitê de auditoria (ou conselho fiscal) e conselho de administração. Essa informação deverá ser objeto de deliberação em uma assembleia dos acionistas.

Veja o grande volume de trabalho que a empresa possui. Depois disso, a empresa deve encaminhar suas demonstrações para o órgão regulador e para publicação. Esses passos vão variar conforme o tipo de empresa. Muitas vezes, há mudanças nas leis que alteram esse fluxo. Mas o que escrevemos anteriormente é uma pequena mostra de que o encerramento do Balanço não se resume a um comando de um computador.

REVISANDO OS OBJETIVOS

1. Identificar a utilidade do Balanço Patrimonial

Essa demonstração tem por objetivo apresentar os ativos, passivo e patrimônio líquido em determinada data. Além disso, pode ser elaborado de forma comparativa, ou seja, em dois momentos diferentes, com o objetivo de apresentar as variações que ocorrem nas contas de cada um desses grupos.

2. Definir os conceitos de ativo, passivo e patrimônio líquido

Como conceito do ativo, temos: recurso econômico, controlado pela empresa e resultado de um evento passado. Já o passivo representa uma obrigação, que vai gerar um ônus para a empresa no futuro e que tem sua origem em algo que ocorreu no passado. Já o patrimônio líquido não possui uma definição. É obtido pela diferença entre o ativo e o passivo.

3. Diferenciar os conceitos de circulante e não circulante

A classificação das empresas quanto a seus ativos e passivos em circulante e não circulante pode ser feita considerando o exercício social (um ano) ou ciclo operacional, se esse for maior. Ciclo operacional é o período em que a empresa leva para converter sua matéria-prima em estoque e depois receber pela venda desses produtos. O ativo circulante é constituído pelo caixa e pelos equivalentes de caixa, recebíveis, estoques e despesas antecipadas. Já o ativo não circulante é dividido em: (1) realizável a longo prazo; (2) investimentos; (3) imobilizado; (4) intangível.

4. Mostrar como é elaborado o Balanço Patrimonial

Após o encerramento de um ciclo contábil, as empresas buscam saber qual foi o resultado gerado por suas operações. Para isso, fazem o balanço. Esse processo pode ser feito em períodos curtos, graças à utilização de sistemas informatizados que facilitam bastante o trabalho do contador. Mas, para isso, várias etapas são necessárias, como o inventário de estoque e os ajustes do período.

CONSTRUINDO SEU DICIONÁRIO

_____: os acionistas deliberam sobre diversos assuntos por meio dessas reuniões. Um desses assuntos é a destinação do resultado.

_____: recurso econômico, controlado pela empresa e resultado de um evento passado.

_____: representa os recursos de curto prazo, capazes de gerar benefícios econômicos às empresas que possuam sua propriedade ou controle. Considera-se curto prazo o período até o término do exercício social seguinte ao encerramento das demonstrações contábeis, ou o ciclo operacional, se este for maior.

CAPÍTULO 7 | **COMO O USUÁRIO EXTERNO VÊ O BALANÇO PATRIMONIAL?** 145

_____ 🖉 : são os recursos de longo prazo, ou seja, aqueles que se realizam pelo uso, consumo ou venda após o exercício social ou do ciclo operacional, quando esse for superior.

_____ 🖉 : medida de tempo em que as empresas levam para transformarem seus ativos em caixa.

_____ 🖉 : os executivos devem prestar contas sobre seus atos a esse conselho, para que ele analise se essas são as melhores decisões para a sustentabilidade dos negócios.

_____ 🖉 : examina as demonstrações contábeis da empresa antes da assembleia e emite um relatório sobre esse assunto.

_____ 🖉 : é estabelecido pelo conselho de administração, com o objetivo de supervisionar a gestão e a qualidade dos relatórios contábeis.

_____ 🖉 : recursos de curtíssimo prazo, que podem rapidamente ser convertidos em caixa, que apresenta um montante conhecido e que apresente um risco insignificante de perder valor.

_____ 🖉 : é a ordem de exigência dos itens do passivo, ou seja, a ordem em que as dívidas serão pagas.

_____ 🖉 : é a capacidade de um ativo ser transformado em dinheiro.

_____ 🖉 : pode ser definido como uma obrigação, que vai gerar um ônus para a empresa no futuro e que tem sua origem em algo que ocorreu no passado.

_____ 🖉 : são as obrigações que as empresas incorrem e que exigem uma saída de caixa, a prestação de serviços ou entrega de ativos até o término do exercício social ou do ciclo operacional, quando esse for maior.

_____ 🖉 : quando as obrigações são vencíveis após o término do exercício social ou do ciclo operacional, se esse for maior.

_____ 🖉 : corresponde à diferença entre o ativo e o passivo.

QUESTÕES DE REVISÃO

1. A partir do Balanço, é possível:
   a) Observar as origens dos recursos de uma empresa.
   b) Observar como os recursos foram aplicados.
   c) Verificar se existe uma reserva para eventuais fatos.
   d) Todas as alternativas acima.

2. A empresa Alfa tinha um ativo de R$ 100, sendo o patrimônio líquido de R$ 70. A empresa Beta possui um ativo de R$ 1.000 e um patrimônio líquido de R$ 200. É possível afirmar que:
   a) A empresa Alfa é maior que Beta, tendo uma rentabilidade também maior.
   b) A empresa Alfa é menos endividada que Beta.
   c) O tamanho da dívida de Beta é menor que Alfa.
   d) O valor do patrimônio líquido de Beta é maior, proporcionalmente, que de Alfa.

3. Ao final do ano, a contabilidade de uma empresa apurou o Balanço Patrimonial e determinou o resultado por meio da DRE. Feito isto, é necessário colocar a data do Balanço e da DRE. Qual das alternativas é a melhor opção, respectivamente?
   a) Ano t1 – Ano t1.
   b) Ano 1 – 31 de dezembro de t1.
   c) 31 de dezembro de t1 – 31 de dezembro de t1.
   d) 31 de dezembro de t1 – Ano t1.

4. Conceito de ativo:
   a) Bens e direitos.
   b) Obrigação que gerará ônus para a empresa no futuro.
   c) Recurso econômico controlado por uma empresa e resultado de evento passado.
   d) Resultado da soma de passivo e patrimônio líquido.

5. Diferencia um ativo circulante de um ativo não circulante:
   a) O fato de ser um bem (circulante) ou um direito (não circulante).
   b) O nível de verificabilidade do ativo: elevado para circulante, reduzido para o não circulante.
   c) O prazo em que a riqueza é transformada em caixa.
   d) O tamanho, em termos percentuais, de cada um dos itens.

6. Como classificar um item como passivo circulante:
   a) Caso a obrigação seja com fornecedores, empregados e governo.
   b) Quando a obrigação for automaticamente renovada a cada final de contrato.
   c) Se a obrigação tiver de ser paga até o final do próximo exercício social.
   d) Se a obrigação tiver um valor abaixo de 10% do total do ativo.

7. Faz parte do processo de encerramento do Balanço, exceto:

a) Contratar uma empresa de auditoria para fazer o trabalho contábil.
b) Lançamentos contábeis relacionados com a passagem do tempo.
c) Levantamento físico do estoque.
d) Verificar a existência de algum passivo que não foi contabilizado.

8. Corresponde à definição de patrimônio líquido:

a) Esforço necessário para gerar receita.
b) Item capaz de gerar riqueza futura para a empresa.
c) Obrigação da empresa com terceiros, que gerará saída de caixa no futuro.
d) Não possui uma definição, sendo a diferença do ativo pelo passivo.

EXERCÍCIOS

1. Considere o Balanço de Marcos:

   Bancos   R$ 400
   Empréstimo   R$ 200
   Terreno   R$ 800
   Patrimônio líquido R$ 1.000

   Eis agora o Balanço de Pedro:

   Bancos   R$ 400
   Terrenos   R$ 800
   Patrimônio líquido R$ 1.200

   Qual dos dois se encontra em uma situação financeira mais confortável?

2. Suponha agora o Balanço de André:

   Bancos   R$ 400
   Empréstimos   R$ 1.000
   Terreno   R$ 800
   Patrimônio líquido R$ 200

   Compare com os dois Balanços da questão anterior. Ordene as pessoas pelo endividamento, do maior ao menor.

3. Uma empresa possui um ativo de R$ 100, que gera um lucro de R$ 10. Foi oferecida uma oportunidade de negócio, que exigirá um financiamento. Mas isso vai aumentar o ativo para R$ 150. O gestor da empresa deseja que essa oportunidade seja capaz de gerar um resultado no mínimo igual ao atual. De quanto deverá ser esse resultado?

4. O Balanço a seguir mostra o valor no início do atual exercício e no final do exercício social. Faça um comparativo entre as duas datas, comentando o ativo, passivo e patrimônio líquido da empresa.

Balanço Patrimonial					
	Inicial	Final		Inicial	Final
Bancos	100	200	Fornecedores	800	1.000
Estoques	400	600	Empréstimos	1.200	1.400
Terrenos	300	300	Financiamentos	2.000	4.000
Computadores	4.000	6.000			
			Patrimônio Líquido	800	700
Ativo	4.800	7.100	Passivo + PL	4.800	7.100

Faça um comentário sobre a evolução dos itens do Balanço.

5. Nós comentamos sobre uma empresa prestadora de serviço, um comércio e uma indústria. Explique o que faz essas empresas serem diferentes em seu Balanço.

6. Baseado no conceito de passivo, explique como uma dívida com o governo deveria aparecer no Balanço de uma empresa.

CAPÍTULO 8

OUTRAS INFORMAÇÕES A QUE O USUÁRIO EXTERNO TEM ACESSO

OBJETIVOS DESTE CAPÍTULO

1. Apresentar a Demonstração das Mutações do Patrimônio Líquido.
2. Mostrar a Demonstração dos Fluxos de Caixa e suas formas de apresentação.
3. Detalhar a Demonstração do Valor Adicionado e explicar sua relevância.
4. Identificar os tipos de relatórios contábeis complementares.

ANTES DE COMEÇAR...

Atualmente, as empresas estão conseguindo cada vez mais obter informações sobre seus clientes. Quando fazemos uma pesquisa no Google ou em outros sites de busca, minutos depois recebemos uma gama de informações sobre produtos iguais ou semelhantes oferecidos por outras empresas.

Mas o inverso também é verdadeiro – as pessoas de fora de uma empresa também possuem acesso a um número cada vez maior de informação. Antigamente, as demonstrações contábeis, divulgadas em intervalos regulares, eram a principal e talvez única fonte de informação disponível. Nos dias atuais, com as mídias sociais, as notícias sobre uma empresa estão cada vez mais acessíveis. Se pretendo ir a um restaurante, a internet permite que eu tenha acesso ao horário de funcionamento, à avaliação de consumidores antigos, ao nível de preço, entre outras informações.

Essas informações podem ser úteis para o usuário que tem interesse no desempenho de uma empresa. As críticas recebidas podem provocar uma redução na receita; um comentário de um fornecedor pode ser um sinal de que a empresa não está efetuando pagamento; uma pesquisa de satisfação de empregado pode revelar muito sobre as relações trabalhistas.

Este capítulo tratará de informações que são produzidas pela contabilidade. Afinal, este é o objetivo do nosso livro. Entretanto, os autores reconhecem que as informações não contábeis são cada vez mais relevantes e podem afetar a análise e percepção de uma empresa.

INTRODUÇÃO

Uma empresa pode divulgar suas informações contábeis nos jornais ou em seu site institucional. Pode entregar essas informações para as autoridades governamentais. Pode divulgar as informações na assembleia dos acionistas. Ou pode tentar restringir o acesso, sob justificativa da necessidade de guardar segredo por parte dos potenciais concorrentes.

Como dissemos, a contabilidade não é a única fonte de informação de uma empresa. As reclamações/elogios dos clientes podem ser outra opção. As movimentações financeiras nos bancos, outra. Pode também ser uma mensagem divulgada em rede social por um gestor ou pela própria empresa. É bem verdade que isso torna a tarefa do usuário mais difícil e o resultado obtido mais incerto.

Algumas empresas perceberam que é melhor divulgar as informações, da forma mais completa possível, do que correr o risco de o usuário fazer inferências incorretas. Assim, procuram seguir o solicitado nos regulamentos. Neste caso, a divulgação não se restringe ao Balanço Patrimonial e a Demonstração do Resultado do Exercício.

Outras informações são solicitadas das empresas, sejam de caráter obrigatório ou voluntário. Informações obrigatórias são aquelas que a legislação brasileira, órgãos normatizadores ou reguladores exigem. Já as informações voluntárias não são exigidas, mas apresentadas de forma espontânea pelas empresas, em virtude de entenderem que os usuários requerem tais esclarecimentos ou detalhamentos. Este capítulo tratará destas "demais" informações contábeis que devem ser divulgadas.

8.1 DEMONSTRAÇÃO DAS MUTAÇÕES DO PATRIMÔNIO LÍQUIDO

Volte no capítulo anterior e observe o Quadro 7.5, que apresenta o Balanço Patrimonial de uma empresa. Veja que cada uma das contas ali apresentadas é fruto de uma série de eventos que ocorreu no passado. O saldo existente na conta Caixa e Equivalentes, por exemplo, é o resultado de entradas e saídas de recursos na conta-corrente. O valor de Estoques é decorrente dos itens que foram comprados, daqueles que foram vendidos ou consumidos no passado, sendo aquilo que a empresa possui na data de encerramento do Balanço. E assim por diante.

> **OBJETIVO ❶**
>
> **Apresentar a Demonstração das Mutações do Patrimônio Líquido.**

Dois dos itens do Balanço Patrimonial merecem destaque aqui. O primeiro é o grupo do patrimônio líquido. As variações que ocorreram entre o Balanço atual e o anterior são tão relevantes que muitas empresas divulgam à parte. Trata-se da Demonstração das Mutações do Patrimônio Líquido (DMPL), que já apresentamos no Capítulo 6. Com essa demonstração, o usuário tem uma boa visão do que ocorreu com o patrimônio líquido. Veja o modelo da DMPL a seguir:

CAPÍTULO 8 | OUTRAS INFORMAÇÕES A QUE O USUÁRIO EXTERNO TEM ACESSO — 151

Quadro 8.1 Estrutura da DMPL

Demonstração das Mutações do Patrimônio Líquido				
	Capital Social	Reservas	Lucros Acumulados	Total
Saldo Inicial	xxx	xxx	xxx	xxx
Aumento de Capital	xxx			xxx
...				
Lucro do Exercício			xxx	xxx
...				
Saldo Final	xxx	xxx	xxx	xxx

A DMPL é, de certa forma, uma tabela. A demonstração busca explicar o que ocorreu com todas as contas que fazem parte do patrimônio líquido. Como explicamos antes, essas contas estão em cada uma das colunas, tendo ao final uma coluna que apresenta o total. Nas linhas, os principais eventos que afetaram a DMPL, começando pelo saldo inicial, seguido dos eventos que ocorreram durante o exercício social: aumento de capital, destinação de lucro, aumento/redução de reservas, entre outros fatos. Em muitos casos, para fins comparativos, também se apresenta os valores do exercício anterior.

Essa demonstração era considerada como informação voluntária no passado, para um grande grupo de empresas. Apenas as sociedades anônimas deveriam apresentá-la, obrigatoriamente, por exigência da CVM. Atualmente, por uma série de mudanças nas normas contábeis, o Comitê de Pronunciamentos Contábeis passou a exigir sua publicação para todas as empresas.

8.2 DEMONSTRAÇÃO DOS FLUXOS DE CAIXA

Se a DMPL é o detalhamento daquilo que ocorreu no patrimônio líquido, a Demonstração dos Fluxos de Caixa (DFC) corresponde ao detalhamento do que ocorreu no caixa.

Vamos discutir um pouco o nome dessa demonstração. Dois aspectos merecem a atenção. Primeiro, o nome correto é "fluxos", no plural. É muito comum encontrar o termo no singular. Mas, rigorosamente, use sempre o termo no plural por um motivo simples: essa demonstração apresenta três tipos de fluxos. O segundo aspecto é o termo **caixa**. "Caixa" está associada a dinheiro, moeda corrente, compreendendo a nota e a moeda metálica. Com o passar do tempo, algumas pessoas deixaram de usar a moeda corrente e passaram a usar cheque, cartão de débito, de crédito ou mesmo transferências eletrônicas. Para a empresa, existe pouca diferença entre receber de um cliente com moeda corrente ou com o cartão de débito. Então, apesar do termo "disponível" ser mais rigoroso, passou a chamar de caixa não somente a moeda corrente, mas também os recebimentos por meio de cheques, cartão de débito, crédito e outros.

OBJETIVO ②

Mostrar a Demonstração dos Fluxos de Caixa e suas formas de apresentação.

Mais ainda, as aplicações financeiras de curto prazo, que podem ser resgatadas rapidamente, também estão incluídas aí. Assim, a DFC é a movimentação dos recursos financeiros de curtíssimo prazo ou, conforme explicamos no Capítulo 7, os **equivalentes de caixa**.

Assim, conforme informamos, a DFC está separada em três grandes grupos. Esses grupos dizem respeito às três atividades básicas de uma empresa:

1. **Atividades oriundas da operação:** são as atividades vinculadas à compra de estoque, pagamento de salários, recebimento de clientes, entre outras. Referem-se às atividades cotidianas da empresa. Em uma indústria, inclui a aquisição de insumo, processamento do produto, venda e recebimento. Quando nós pensamos as atividades oriundas da operação, imediatamente associamos com o ativo de curto prazo e com os passivos de curto prazo, exceto empréstimos. Se você pensar na Demonstração do Resultado, as atividades oriundas da operação são aquelas relacionadas com as receitas, o custo dos produtos e serviços vendidos e as despesas operacionais. Ou seja, o lucro antes do resultado financeiro.

2. **Atividades oriundas do investimento:** são as decisões de longo prazo da empresa: comprar máquinas, terrenos, equipamentos, computadores e até ações de outras empresas. As decisões oriundas daqui são de longo prazo. Observe que se a empresa paga por um terreno, o fluxo de caixa das atividades de investimento é negativo, devido à saída de caixa; se a empresa vende um terreno, esse fluxo é positivo. Se a empresa compra ações de outra empresa, em um investimento de longo prazo, essa saída de caixa será considerada uma atividade de investimento. Tipicamente essas atividades estão vinculadas ao ativo não circulante.

3. **Atividades oriundas de financiamento:** são as atividades de obtenção de recursos de terceiros ou de acionistas, pagamento de empréstimos e dividendos. Aqui, o fluxo de caixa está vinculado aos passivos onerosos (em geral, são os financiamentos e empréstimos) e ao patrimônio líquido.

CONECTANDO TEORIA E PRÁTICA

Como as atividades oriundas da operação representam a essência da operação diária de uma empresa, no longo prazo é essencial que o fluxo dessas atividades seja positivo. Uma empresa só é viável se gerar caixa com suas operações.

A apresentação da Demonstração dos Fluxos de Caixa (DFC) obedece a essa ordem. Assim, inicialmente estão os fluxos vinculados às operações, seguido das atividades de investimento e, por último, as de financiamento. A soma dos fluxos destes três grupos de atividades corresponde à variação que ocorreu no Caixa (caixa, bancos e aplicações de curto prazo) durante o exercício. Veja o Quadro 8.2 a seguir:

CAPÍTULO 8 | **OUTRAS INFORMAÇÕES A QUE O USUÁRIO EXTERNO TEM ACESSO** 153

Quadro 8.2 Estrutura da DFC

Demonstração dos Fluxos de Caixa	
Fluxo de Caixa das Atividades Operacionais	xxxx
Fluxo de Caixa das Atividades de Investimento	xxxx
Fluxo de Caixa das Atividades de Financiamento	xxxx
Variação do Caixa no exercício	xxxx
Caixa Inicial	xxxx
Caixa Final	xxxx

Veja que o Caixa Inicial somado à Variação do Caixa no Exercício corresponderá ao caixa no final do período, valor que é idêntico ao que aparece no Balanço Patrimonial.

Apesar do Quadro 8.2 corresponder a uma típica DFC, existe uma pequena diferença no seu formato com respeito à obtenção do caixa das atividades operacionais. Um dos formatos, denominado **método direto**, apresenta as entradas e saídas de caixa dessas atividades: recebimento de clientes, pagamentos de salários, pagamento de compras etc. No outro formato, denominado **método indireto**, a demonstração começa com o resultado líquido do exercício. Sobre este valor, são efetuadas operações para se chegar ao valor do fluxo. É importante destacar que o valor final do fluxo das operações é idêntico, seja pelo método direto ou indireto.

Repetindo, a diferença entre o método direto e o método indireto é a forma como é calculado o fluxo de caixa das atividades das operações. No método direto, temos a apresentação conforme o Quadro 8.3.

Quadro 8.3 Determinando o FCO pelo método direto

Recebimento de Clientes	1.000
Pagamento de Salários	-800
Fluxo de Caixa das Atividades Operacionais	200

Já no método indireto, temos o fluxo de caixa das atividades operacionais apresentado conforme Quadro 8.4.

Quadro 8.4 Determinando o FCO pelo método indireto

Lucro Líquido do Exercício	240
Variação de Valores a Receber de Clientes	(100)
Variação de Salários a Pagar	10
Despesa de Depreciação	50
Fluxo de Caixa das Atividades Operacionais	200

Observe que o método indireto inicia com a linha do lucro obtido no exercício por parte da empresa. Neste caso, R$ 240. A este lucro, são somadas as variações ocorridas no capital de giro e a despesa de depreciação. Vamos mostrar, a seguir, a razão destes cálculos e como os valores do fluxo obtido pelos dois métodos devem ser necessariamente idênticos. Para isto, considere que a Demonstração do Resultado da empresa tenha sido conforme apresentado no Quadro 8.5.

Quadro 8.5 Despesa de depreciação na DRE

Receita	1.100,00
Despesa de Salários	(810,00)
Despesa de Depreciação	(50,00)
Lucro Líquido	240,00

Veja que a empresa teve receita de R$ 1.100, mas o total de recebimento de clientes foi R$ 1.000. Essa diferença entre a receita e o recebimento afetará diretamente a conta de valores a receber de clientes, apresentada no Balanço Patrimonial. Volte à DFC pelo método indireto. Veja que existe uma linha chamada Variação de Valores a Receber de Clientes cujo valor é R$ 100, negativo. Por que negativo? Quando uma conta do ativo aumenta, isso geralmente significa uma diferença menor no fluxo de caixa em relação à DRE. Ou, em outras palavras, são valores que a empresa deveria ter recebido e não recebeu. Assim, ao considerar a variação de valores a receber logo após o lucro líquido, estamos "convertendo" o valor da receita para o valor do recebimento de clientes.

Vamos ver agora o caso de salários. A ideia é a mesma. A empresa teve despesa de salários de R$ 810 (Quadro 8.5). Mas o pagamento de salários foi de R$ 800 (Quadro 8.3). Assim, parte do salário do ano ainda não foi paga e este valor é a diferença de R$ 10. Salários a pagar é uma conta do passivo, que será aumentada pela despesa de R$ 810 e reduzida pelo pagamento feito no período de R$ 800, com uma variação de R$ 10. Na DFC, pelo método indireto, essa diferença está na demonstração com um sinal positivo. Mas por que esse valor é positivo? Quando uma conta do passivo aumenta, isto significa que existe uma diferença maior no fluxo de caixa em relação à DRE. Ou, em outras palavras, sendo negativo, significaria a saída de caixa, em função do pagamento. Mas como a empresa ainda não pagou esse passivo, ele entra positivo na DFC, por significar uma economia de caixa para a empresa. Fazemos aqui uma "conversão" do valor da despesa de salário para o valor de pagamento de salários.

Em geral, podemos resumir os eventos na DFC conforme o Quadro 8.6.

Quadro 8.6 Resumo dos sinais na DFC pelo método indireto

	Contas do	
	Ativo	**Passivo**
Aumento	–	+
Redução	+	–

CAPÍTULO 8 | OUTRAS INFORMAÇÕES A QUE O USUÁRIO EXTERNO TEM ACESSO **155**

Se você entendeu a explicação desses dois itens (receita/recebimento e despesa/pagamento), já avançou bastante no entendimento da DFC pelo método indireto. Agora falta analisar a depreciação. Vamos voltar ao Capítulo 4, onde explicamos os conceitos de depreciação/amortização e exaustão.

Quando uma empresa paga por uma máquina, o valor do pagamento já sai do caixa no momento da compra. Isto representa um fluxo de caixa das atividades de investimento. Mas como a máquina ajuda a empresa durante toda a sua vida útil, o desgaste é considerado como despesa de maneira proporcional à sua vida útil, sob a forma de uma despesa de depreciação. A cada final de período, a empresa faz o lançamento da depreciação da seguinte forma:

Conta	Débito	Crédito
Despesa de Depreciação	50	
Depreciação Acumulada		50

Isto já foi explicado anteriormente. O importante aqui é notar que a despesa de depreciação (assim como a despesa de amortização e de exaustão) é um ajuste, que possui uma relação com o consumo do ativo (a máquina) que está sendo feito ao longo do tempo, mas não mais com a saída de caixa. Ou seja, não se trata mais de um pagamento ou um desembolso. A saída de caixa ocorreu no passado, no momento da compra. Este é o ponto. Mas a despesa de depreciação entra na Demonstração do Resultado. Veja que no exemplo existe uma Despesa de Depreciação na DRE de R$ 50, reduzindo o lucro da empresa. Mas essa despesa não é saída de caixa. Por isto, na DFC, pelo método indireto, nós "devolvemos" a despesa de depreciação após o lucro líquido. A soma anula, ou cancela, o efeito da despesa que existe na linha do lucro líquido. Veja o Quadro 8.7, na qual juntamos a DRE com a DFC:

Quadro 8.7 Determinando o FCO

Receita	1.100
Despesa de Salários	(810)
Despesa de Depreciação	(50)
Lucro Líquido	240
Variação de Valores a Receber de Clientes	(100)
Variação de Salários a Pagar	10
Despesa de Depreciação	50
Fluxo de Caixa das Atividades Operacionais	200

Veja que a Despesa de Depreciação aparece com o valor negativo na parte da DRE e com o valor positivo na parte da DFC. Soma 50 e subtrai 50, fazendo um valor final de zero. Como depreciação não é saída de caixa, a DFC pelo método indireto acerta isto com a soma com o sinal invertido. Essa mesma ideia é válida para todas as outras duas contas redutoras dos ativos não circulantes, como o caso da Exaustão e da Amortização.

O importante aqui é saber que os dois métodos se equivalem. O que muda é a informação. Há uma recomendação, por parte dos reguladores, da adoção pelo método direto. Entretanto, o que se observa na prática é que as empresas preferem usar o método indireto. Os reguladores na área contábil julgam que o método direto traz mais informação; mas as empresas consideram mais fácil fazer a DFC pelo método indireto.

Nesse caso, a publicação da DFC é obrigatória apenas para as sociedades anônimas de capital aberto e para as fechadas, somente se forem consideradas de grande porte, ou seja, se possuir, à data do balanço, patrimônio líquido igual ou superior a R$ 2.000.000,00 (dois milhões de reais).

PAUSA PARA REVISAR

Você já reparou que a DFC é o detalhamento de uma conta do Balanço Patrimonial? E se você voltar um pouco no nosso conteúdo, a DMPL é também o detalhamento de um grupo do Balanço Patrimonial. Quais seriam estes grupos? Uma dica: estão na extremidade do Balanço Patrimonial - a DFC detalha um grupo que está no canto superior esquerdo e a DMPL um grupo que está no canto inferior direito.

8.3 DEMONSTRAÇÃO DO VALOR ADICIONADO

A Demonstração do Valor Adicionado (DVA) não é uma informação muito comum como a DFC, que estudamos anteriormente. Não é uma informação considerada obrigatória em muitos países e, no Brasil, está restrita às companhias abertas. Por este motivo, não vamos nos deter muito nessa informação.

OBJETIVO ❸

Detalhar a Demonstração do Valor Adicionado e explicar sua relevância.

Como o próprio nome diz, a ideia central desta demonstração é informar o quanto uma empresa está adicionando de valor para a economia, ou seja, entender a contribuição que a empresa está dando para uma economia.

A DVA é composta de dois grupos. O primeiro mostra como foi adicionado valor por parte da empresa. Se a empresa for uma indústria, adiciona-se valor por meio da transformação de um insumo no produto final. Uma indústria de eletrônicos utiliza as peças, as máquinas, os trabalhadores e outros itens para fazer seu produto. Um comércio adiciona valor por meio da atividade de compra de estoques e sua comercialização. Este é o primeiro grupo que apresenta o valor adicionado por parte de cada empresa.

A segunda parte da DVA é a apresentação de como este valor adicionado foi distribuído. O modelo adotado no Brasil informa que a distribuição pode ser para:

- **Pessoal**, sob a forma de salários, gratificações e outras remunerações;

CAPÍTULO 8 | OUTRAS INFORMAÇÕES A QUE O USUÁRIO EXTERNO TEM ACESSO **157**

- **Governo,** por meio do pagamento de impostos, taxas e contribuições;
- **Financiadores,** por meio da remuneração ao capital de terceiros e ao capital próprio.

Por meio da DVA, é possível perceber se a taxação é excessiva quando o governo leva a maior parte do valor adicionado pela empresa.

8.4 RELATÓRIOS CONTÁBEIS COMPLEMENTARES

A contabilidade de uma empresa pode produzir outras informações além da DRE (veja o Capítulo 6), do Balanço Patrimonial (veja o Capítulo 7), da DMPL (veja o Capítulo 6), e das DFC e DVA (anteriormente neste capítulo). Mas muitas outras informações podem ser geradas.

> OBJETIVO ❹
>
> **Identificar os tipos de relatórios contábeis complementares.**

Algumas das informações são mera adaptação ou formatação diferente da informação já apresentada. Por exemplo, uma empresa pode colocar as demonstrações listadas em planilhas eletrônicas, onde o usuário pode escolher as linhas que deseja pesquisar e o período. Ou a informação pode ser divulgada por meio de uma mensagem em uma rede social oficial da empresa, comunicando o valor da receita obtida no período. Ou, ainda, por meio de gráficos e figuras, onde os números são mostrados de forma mais fácil.

Mas existem outras informações que vão além daquelas encontradas nas demonstrações contábeis que já estudamos. Vamos apresentar as mais relevantes a seguir.

- **Relatório da Administração:** esse relatório é escrito pela administração da empresa. Em muitas situações, é a primeira informação que será apresentada para quem está usando as informações contábeis. O tamanho, os assuntos tratados e outros limites são determinados pela administração. Mas este é o espaço onde o gestor da empresa pode fazer suas considerações pessoais sobre o desempenho ocorrido no último exercício social. Também é possível que o gestor escreva algo sobre o ambiente onde a empresa está e como isto afetou os resultados que serão apresentados. Suponha que ocorreu, durante o ano, interrupção da energia elétrica na fábrica; no relatório da administração, o gestor pode lembrar deste fato. Isto servirá de alerta para quem estiver analisando as informações da empresa, pois o fato pode afetar a receita, a despesa, entre outros itens. Mas atenção: por ter sido escrito pelo gestor, o Relatório da Administração pode ser "enviesado". Ou seja, pode ser usado para justificar falhas que foram cometidas pelo gestor.
- **Notas Explicativas:** em uma grande empresa, as Notas Explicativas correspondem a grande parte das informações divulgadas. As Notas Explicativas são observações das informações que estão no Balanço e na DRE, principalmente. Em muitos casos, mostra o detalhamento dos itens destas demonstrações; em outros, a forma como o item foi medido. Elas também podem dar um alerta para o que está sendo mostrado. Em geral, as Notas são colocadas na ordem em que os itens vão aparecendo no Balanço, começando pelo ativo, seguido pelo passivo e patrimônio líquido. Mas, antes disso, a empresa pode

colocar uma Nota Explicativa mais genérica, com informações sobre como as demonstrações foram elaboradas.

- **Balanço Social:** essa informação não é obrigatória. Assim, as empresas apresentam se pretendem mostrar informações sobre sua importância para sociedade. Também faz parte do Balanço Social alguns indicadores, como número de empregados com deficiência, relação entre a maior e a menor remuneração na empresa, total de investimentos para a sociedade, creches ou auxílio-creche, entre outras.

- **Relatórios dos conselhos/comitês:** quanto maior a empresa, maior o número de conselhos. Os conselhos são um grupo de pessoas, nomeadas formalmente, para trabalhar em um aspecto específico. Como exemplos, temos: o Conselho de Administração, Conselho Fiscal, entre outros. Esses conselhos podem fazer um relatório sobre a função exercida e sua opinião sobre sua área de competência. Por exemplo, o Conselho Fiscal pode examinar as demonstrações contábeis da empresa antes da assembleia e emitir um relatório sobre este assunto.

- **Relatório dos Auditores Independentes:** muitas empresas contratam auditores externos para verificar se as informações refletem o que ocorreu ou está ocorrendo com a empresa. Como o nome diz, estes auditores são independentes, ou seja, não possuem vínculo com a empresa, tendo assim liberdade para dar sua opinião. Essa opinião vai estar expressa no relatório. Se os auditores não concordarem com algo, podem dizer isto no relatório.

Todos esses documentos são, em sua maior parte, relatórios narrativos, nos quais a administração, conselhos, auditores e proprietários podem apresentar mais detalhes sobre as demonstrações contábeis, com finalidade de esclarecer melhor a situação econômico-financeira da empresa. Com exceção do Balanço Social, os demais documentos são obrigatórios apenas para as companhias abertas, em virtude da Lei n. 6.404/1976, mas aplicáveis às sociedades de grande porte, em virtude da Lei n. 11.638/2007. As demais sociedades devem apresentar Notas Explicativas, conforme determina o CPC 26(R1).

Mas nada impede que as empresas apresentem todos eles voluntariamente, especialmente no atual contexto em que vivemos, em que os usuários têm buscado saber sobre a forma que as empresas operam. Notícias na imprensa sobre empresas que adotam trabalho escravo ou infantil, praticam discriminação social de raça, cor ou gênero, ou provocam poluição ou degradação do meio ambiente, além de escândalos de corrupção, entre tantos outros, têm sido, cada vez mais, condenadas pela sociedade. E as empresas estão sendo cobradas a prestar esclarecimentos, sob pena de perderem sua reputação – e seus clientes.

PAUSA PARA REVISAR

Algumas das informações devem obedecer a certas normas, outras não. O Balanço é apresentado conforme a legislação societária e um grande conjunto de normas. Já no Relatório da Administração, a empresa tem uma maior liberdade. Você poderia citar mais algum tipo de informação que é divulgada pela empresa?

CAPÍTULO 8 | OUTRAS INFORMAÇÕES A QUE O USUÁRIO EXTERNO TEM ACESSO   159

 REVISANDO OS OBJETIVOS

1. **Apresentar a Demonstração das Mutações do Patrimônio Líquido**

   Demonstração que mostra as mudanças que ocorreram nas contas do patrimônio líquido: Capital Social, Reservas e Lucros Acumulados. Mostra, principalmente, as informações referentes ao aumento do capital, destinação de lucro, aumento/redução de reservas, entre outros fatos.

2. **Mostrar a Demonstração dos Fluxos de Caixa e suas formas de apresentação**

   Explica as variações que ocorreram no caixa, entre dois períodos, identificando os pagamentos e recebimentos. A estrutura da demonstração é composta por três fluxos de caixa: das operações, dos investimentos e dos financiamentos. É importante que o fluxo de caixa gerado pelas atividades operacionais seja positivo, para que as empresas tenham continuidade nos negócios.

3. **Detalhar a Demonstração do Valor Adicionado e explicar sua relevância**

   Trata-se de uma demonstração que apresenta a formação do valor adicionado das empresas e como esse é distribuído pelos seus agentes formadores: para pessoal, ao governo e aos financiadores de capital, como credores e proprietários.

4. **Identificar os tipos de relatórios contábeis complementares**

   Existem várias informações apresentadas pelas empresas que não se restringem às demonstrações contábeis. São os relatórios ou pareceres, nos quais são apresentadas informações qualitativas sobre situações que decorrem na empresa, sobre desempenho, investimentos ou perspectivas futuras, como é o caso do Relatório da Administração, ou pela verificação da fidedignidade das demonstrações feita pelos auditores independentes.

CONSTRUINDO SEU DICIONÁRIO

_____: busca mostrar informações sobre as contribuições que a empresa faz para seus funcionários, para a sociedade ou mesmo para o meio ambiente.

_____: busca explicar as variações que ocorreram em todas as contas do patrimônio líquido durante um período.

_____: demonstração que informa o quanto uma empresa está adicionando de valor para a economia e de que forma esse valor adicionado é distribuído aos agentes que contribuíram para a sua formação.

_____: demonstração que apresenta o detalhamento das informações que ocorreram nas contas de caixa e equivalentes de caixa ao longo de um período. É composto por três fluxos: das atividades operacionais, de investimento e de financiamento.

_____ ✏: são informações detalhadas a respeito das contas do Balanço e DRE, principalmente, que visam esclarecer melhor os números apresentados nas demonstrações contábeis.

_____ ✏: relatório narrativo elaborado pelos administradores da empresa com o objetivo de descrever a situação atual, o desempenho, a conjuntura econômica, os planos futuros etc.

_____ ✏: tem por objetivo verificar se as informações refletem o que ocorreu ou está ocorrendo com a empresa. É elaborado por auditores que não têm vínculo interno com a empresa, por isso, podem apresentar com maior liberdade se as demonstrações realmente representam a posição da empresa.

QUESTÕES DE REVISÃO

1. Mostra o detalhamento do que ocorreu com o patrimônio líquido entre um exercício e outro:
   a) Balanço Patrimonial.
   b) Demonstração das Mutações do Patrimônio Líquido.
   c) Demonstração dos Fluxos de Caixa.
   d) Demonstração do Resultado do Exercício.

2. A soma dos fluxos das atividades operacionais, de investimento e de financiamento será igual:
   a) Ao caixa final.
   b) Ao lucro líquido do exercício.
   c) Ao valor adicionado bruto.
   d) À variação do caixa no exercício.

3. O fluxo de caixa das atividades operacionais do método direto é _____ valor pelo método indireto:
   a) igual ao
   b) maior que
   c) menor que

   d) Não existe nenhuma relação.

4. A distribuição do valor adicionado deve ser feita entre:
   a) Governo.
   b) Financiadores.
   c) Pessoal.
   d) Todos os itens acima.

5. Neste relatório, o gestor faz suas considerações sobre o desempenho da empresa no período, indicando o que foi relevante para este resultado:
   a) Demonstração do Resultado.
   b) Notas Explicativas.
   c) Relatório da Administração.
   d) Relatório do valor a ser distribuído.

6. O Relatório dos Auditores Independentes é escrito:
   a) Pela administração da empresa.
   b) Pelos auditores externos à empresa.
   c) Pelo comitê de auditoria.
   d) Pelo conselho fiscal.

7. Sobre a DVA, marque a alternativa correta:
   a) A distribuição dos recursos está dividida em pessoal, governo e financiadores.
   b) É uma demonstração obrigatória em muitos países.
   c) Mostra como a empresa está destruindo o valor ambiental do país.
   d) Só é considerado o financiamento externo, não incluindo a parcela dos dividendos dos acionistas.

8. A depreciação, na DFC:
   a) Corresponde ao mesmo princípio que é aplicado à variação do valor de clientes.
   b) Entra no método direto, mas não no método indireto.
   c) É considerada pelo valor da depreciação acumulada.
   d) Não é saída de caixa e por isto deve ser desconsiderada no caso do método indireto.

 EXERCÍCIOS

1. Considere que uma empresa gerou de caixa com as atividades operacionais o montante positivo de R$ 900. O gasto com atividades de investimento foi de R$ 600 e o caixa de financiamento foi R$ 140, negativos. Com base nesses valores, a variação de caixa do período foi de quanto?

2. Se a variação ocorrida no caixa e equivalentes de uma empresa foi de R$ 9.000, positivo, e caixa e equivalentes inicial era de R$ 50.000, qual o valor do saldo de caixa e equivalentes no final do período?

3. Suponha um prejuízo líquido do período de R$ 1.800. O valor inicial da conta clientes era de R$ 4.500 e o valor final era de R$ 3.700. A despesa de depreciação foi de R$ 2.200. Com base nesses valores, qual o fluxo de caixa das atividades operacionais?

4. Considere os seguintes valores: Despesa de Depreciação = R$ 1.500; Despesa de Salários = R$ 3.000; Receita = R$ 7.000; Variação de Salários a Pagar = R$ 100, positivo. Com base nesses valores, determine o fluxo de caixa oriundo das atividades operacionais.

5. Uma empresa gerou de valor adicionado um total de R$ 100. Deste valor, R$ 20 foram distribuídos para seus funcionários e R$ 50 para o governo. Qual o valor que ficou com os financiadores?

6. Suponha que uma empresa teve receita de R$ 400. Deste total, R$ 380 foram recebidas no exercício, ficando a receber o restante. No balanço inicial, a empresa tinha a receber dos clientes um valor de R$ 30. Este montante foi também recebido durante o exercício. Qual o valor que deve constar da DFC pelo método direto?

CAPÍTULO 9

COMO ANALISAR AS DEMONSTRAÇÕES CONTÁBEIS?

OBJETIVOS DESTE CAPÍTULO

❶ Apresentar as principais informações requeridas para a análise.

❷ Mostrar como fazer uma análise horizontal.

❸ Explicar como é realizada a análise vertical.

❹ Identificar os principais índices de análise.

ANTES DE COMEÇAR...

Estamos chegando ao final da nossa trajetória. E, para finalizar, abordaremos talvez a parte mais nobre da contabilidade, e também a mais difícil: entender o que acontece com a empresa, olhando apenas esses documentos que apresentamos, e responder a perguntas do tipo: Vale a pena vender produtos para essa empresa? Posso ou não comprar suas ações? Devo conceder o empréstimo solicitado? A análise das demonstrações contábeis não traz uma resposta pronta aos nossos questionamentos. E quando tem a resposta, é muito mais no sentido de "pode", "talvez", "é provável" do que "é", "com certeza" e outras afirmações tranquilizadoras.

Analisamos as demonstrações contábeis de uma empresa porque precisamos saber se ela está bem ou não. Falamos dos usuários: clientes, concorrentes, investidores, reguladores, fornecedores, entre outros. Todos eles querem saber se uma empresa terá continuidade no futuro, tem chances de efetuar seus pagamentos, pode ser uma boa "aposta", entre outras.

Você deve ter percebido que não é por acaso que este é o capítulo final da obra. Aqui já sabemos as informações contábeis, como foram obtidas, o que significam os principais termos, entre outros aspectos contábeis. Agora é usar a informação. Este é o trabalho da análise.

INTRODUÇÃO

As informações contábeis mostram o que aconteceu ou está acontecendo com a empresa. Para que seu uso seja maior, existem maneiras de analisá-la a partir destas informações. As técnicas existentes são diversas e apresentaremos aqui somente uma pequena introdução ao assunto.

Qual a razão de fazer uma análise? Sabemos que são as mais diversas possíveis. Desde o Capítulo 1, vimos quais são as perguntas que os usuários podem fazer relacionadas às empresas e às suas decisões. Se alguém está pensando em emprestar dinheiro, é necessário verificar a capacidade da empresa em quitar a dívida no futuro. Se pretendo me candidatar a uma vaga de emprego, a possibilidade de a empresa sobreviver no longo prazo e recompensar meu esforço também deve ser considerada. Outra empresa, que deseja entrar no mercado, pode estudar seus concorrentes para saber das suas chances de sucesso. Tendo recursos, posso pensar em investir em empresas, por meio do mercado acionário; para isto, é importante ver se a empresa tem um bom futuro pela frente.

Em cada uma destas situações, nós temos justificativa para usar a análise das demonstrações contábeis. Esta análise é também conhecida como análise de balanço, análise econômico-financeira e outros nomes similares. Estudar a análise das demonstrações contábeis é importante, pois estamos usando todo potencial das informações.

Antes de prosseguir, é importante fazer uma observação: a análise das demonstrações contábeis não é algo fácil, muito menos definitivo. Aplicar apenas as "fórmulas prontas" pode conduzir a erros, pois nenhuma análise pode ser feita de maneira isolada. Um exemplo simples é aplicar a fórmula de calcular a liquidez e já dizer que essa empresa é ótima para sua decisão. Ou seja, não existe uma solução pronta, que forneça informações precisas. Talvez exista um pouco de "arte" na análise, na medida em que a qualidade depende da experiência e do "olhar crítico" do analista.

9.1 INFORMAÇÕES NECESSÁRIAS PARA A ANÁLISE

Antes de começar a análise, é importante obter as demonstrações contábeis da empresa. Você pode procurar na página institucional da empresa, em endereços especializados, ou você mesmo pode construir um esboço destas demonstrações, com destaque para os principais itens. Além disso, quanto mais dados você conseguir, melhor: informações dos concorrentes, da economia, dos principais produtos da empresa, das pretensões para o futuro, dos gestores e como se comportam, todas essas são informações que podem ajudar no seu trabalho.

> **OBJETIVO ❶**
>
> **Apresentar as principais informações requeridas para a análise.**

Das informações contábeis, cada uma delas deveria ser analisada com o devido cuidado. Mostraremos neste capítulo as principais maneiras de fazer uma análise. Este capítulo é somente um aperitivo da atividade de análise das demonstrações contábeis. Caso o leitor se interesse, pode aprofundar seus conhecimentos em obras específicas sobre o assunto.

PAUSA PARA REVISAR

Vamos considerar que você foi indicado para analisar uma empresa. Quais as informações contábeis que você precisaria obter?

Uma das regras da análise é que não temos regras. O analista pode escolher como deseja fazer sua análise. Se ele quiser relacionar "maçã" com "bananas", ele pode fazer. É bem verdade que isto não faz sentido, mas o importante é que a decisão seja boa. Neste capítulo, vamos ensinar como fazer uma boa análise, mas não tentaremos mostrar como fazer a análise certa, pois isso não existe.

Usaremos aqui três demonstrações contábeis: o Balanço Patrimonial, a Demonstração do Resultado do Exercício e a Demonstração dos Fluxos de Caixa. Apesar de sua relevância, as demais demonstrações ajudam como complemento da análise que fazemos nestas três demonstrações. Para começar, vamos lembrar o conteúdo que discutimos nos capítulos anteriores, em especial nos Capítulos 6, 7 e 8.

O Balanço Patrimonial apresenta do lado esquerdo os ativos de uma empresa. Do lado direito, o passivo e o patrimônio líquido. Lembre que a DFC nada mais é que um detalhamento sobre o que ocorreu com uma das contas do ativo, no caso o item de "Caixa e Equivalentes". A DRE também possui relação com o Balanço Patrimonial: o lucro gerado no período comporá o patrimônio líquido da empresa, até a sua distribuição para os acionistas.

Para analisar o desempenho de uma empresa, podemos usar os números que constam destas demonstrações. Mas este tipo de análise seria muito pobre. Você poderia verificar que o ativo da empresa que está analisando seria de R$ 40 milhões. Mas esse valor é pouco ou muito? Isto foi bem usado no período? É suficiente para pagar suas dívidas? Observe que simplesmente com o valor, não é possível dizer muito sobre a empresa. É um número absoluto, que dificulta entender seu significado.

Uma forma de resolver esse problema é usar um número relativo, onde relacionamos um valor com outro. Veja o caso do ativo. Podemos comparar esse valor com o quanto a empresa tinha no período anterior. Neste caso, vamos saber se ocorreu um aumento ou uma redução no ativo da empresa. Ou podemos comparar com a quantidade de receita que esta empresa gerou no período. Se, com este ativo, a empresa conseguiu receitas de R$ 80 milhões, podemos dizer que, para cada R$ 1 de ativo, a empresa gerou o dobro de receita. Se o concorrente está conseguindo obter R$ 3 para cada unidade de ativo, a empresa que estamos analisando não foi eficiente. Veja que usar um número relativo ajudou a entender muito mais a situação da empresa que o simples valor de R$ 40 milhões.

Existem três formas de usar um número relativo na análise das demonstrações contábeis, por meio: de uma evolução histórica, da participação e de indicadores de análise. Vamos estudar as duas primeiras formas.

9.2 ANÁLISE HORIZONTAL

Como dissemos no final da seção anterior, podemos comparar a evolução temporal de um item das informações contábeis ou podemos fazer uma comparação usando a participação desse item no total. O primeiro caso, a análise temporal, é conhecida como **análise horizontal**.

A análise horizontal mostra a evolução no tempo de determinado item. Geralmente dividimos o valor atual pelo valor anterior ou pelo valor de uma data específica. Vamos esclarecer isto por meio de um exemplo da Empresa BGS S.A. com os seguintes números para o seu lucro bruto:

OBJETIVO ❷
Mostrar como fazer uma análise horizontal.

Ano 1 = R$ 400
Ano 2 = R$ 440
Ano 3 = R$ 484

Para analisar se o lucro bruto da empresa está melhorando ou não ao longo do tempo, podemos dividir o último resultado, os R$ 484 do ano 3, pelo ano anterior, R$ 440. Mas também podemos considerar a divisão dos números sempre pelo primeiro ano da informação. No último caso, o ano 1 seria "fixo" nos cálculos e, por este motivo, a comparação consideraria ele como uma base fixa. No primeiro caso, como em cada cálculo se usa o ano anterior, temos uma situação onde a base é móvel. Nada complicado. O analista pode usar uma opção ou outra, ou as duas. Veja como seria feito o cálculo:

Análise Horizontal - Lucro Bruto Ano 3 (Ano anterior) = (484 / 440) × 100 = 110

Como interpretar esse valor? Se, no ano 2, o lucro bruto era R$ 100, no ano seguinte seria R$ 110. Também podemos fazer a análise considerando o ano 1 como a base fixa:

Análise Horizontal – Lucro Bruto Ano 3 (Base Fixa) = (484 / 440) × 100 = 121

Ou seja, se o lucro era de R$ 100 no primeiro ano, dois anos depois este lucro passou a ser de R$ 121.

CONECTANDO TEORIA E PRÁTICA

Um cuidado que todo analista deve ter é com os itens com conta que pode ser positiva ou negativa. É o caso do resultado, principalmente o resultado líquido, e o patrimônio líquido. Assim, a aplicação da fórmula de cálculo deve ser feita com cuidado. Se uma empresa sai de um prejuízo de R$ 300 para um lucro de R$ 500, o cálculo levaria a um resultado negativo. Muitas vezes é melhor não fazer a análise. Isto também é válido para alguns índices que serão apresentados a seguir.

9.3 ANÁLISE VERTICAL

Vamos agora estudar a análise vertical. Esta corresponde a calcular a participação de uma conta em relação a um total. A análise vertical é utilizada considerando o ativo total, do balanço, e a receita líquida, da DRE. Para o primeiro caso, calculamos cada uma das contas do Balanço Patrimonial em relação ao ativo, em termos percentuais. No segundo caso, consideramos todas as contas da Demonstração do Resultado em relação à receita líquida.

OBJETIVO ③

Explicar como é realizada a análise vertical.

Observe o Balanço Patrimonial de uma empresa conforme o Quadro 9.1.

Quadro 9.1 Balanço patrimonial da BGS S.A.

BALANÇO PATRIMONIAL			
Ativo Circulante	100	Passivo Circulante	80
		Passivo Não Circulante	50
Ativo Não Circulante	300	Patrimônio Líquido	270
Ativo	400	Passivo + PL	400

A análise vertical calcula a participação de cada um dos itens do balanço em relação ao ativo total. Veja o exemplo:

$$Ativo\ Circulante = (100 / 400) \times 100 = 25\%$$

Podemos fazer isto com os demais itens. O resultado será apresentado conforme o Quadro 9.2.

Quadro 9.2 Percentual de cada grupo do balanço

BALANÇO PATRIMONIAL			
Ativo Circulante	25,0%	Passivo Circulante	20,0%
		Passivo Não Circulante	12,5%
Ativo Não Circulante	75,0%	Patrimônio Líquido	67,5%
Ativo	100,0%	Passivo + PL	100,0%

Agora é possível analisar o balanço de uma maneira mais fácil. A maior parte do ativo é constituída por ativo de longo prazo, ou seja, de 75%. O financiamento é feito, em maior parte, com recursos de acionistas (cerca de dois terços – 67,5%). Os recursos de terceiros representam apenas 32,5% (se referem ao nível de endividamento da empresa).

PAUSA PARA REVISAR

1. Qual a diferença entre base móvel e base fixa?
2. Quais as contas que são usadas para fazer a análise vertical?

9.4 INDICADORES DE ANÁLISE

Além da análise horizontal e vertical, é possível estudar a situação de uma empresa por meio de indicadores. Estes indicadores são calculados a partir da relação entre itens das demonstrações contábeis. Como falamos no início deste capítulo, a análise das informações é bastante livre. Existem inúmeros possíveis indicadores. Mas a prática tem mostrado que alguns deles são mais usados e/ou úteis.

OBJETIVO ❸
Identificar os principais indicadores de análise.

Vamos mostrar esses indicadores a seguir, comentando sua fórmula de cálculo e alguns aspectos mais importantes. Para isso, vamos dividir os indicadores em: operações; caixa; rentabilidade; endividamento e viabilidade.

9.4.1 Indicadores operacionais

- **Giro do ativo:** este índice é obtido dividindo as receitas pelo ativo. O resultado indica quanto de receita foi gerado com os ativos da empresa. Quando a empresa consegue usar bastante seus ativos, o volume de venda é elevado. Se o índice for reduzido, isto pode ser um sinal de que parte do ativo está sendo subutilizado.
- **Liquidez corrente:** corresponde à relação entre ativo circulante e passivo circulante. Quando o resultado é maior que 1, indica que os ativos de curto prazo são capazes de cobrir as obrigações (passivo) de curto prazo. Este índice tem sido usado para medir o nível de risco de uma empresa: valores reduzidos significariam risco elevado.
- **Prazo de fornecedores:** relaciona o valor de obrigações com fornecedores pelo montante de compras efetuadas em um período, multiplicado pelo número de dias daquele período (se o valor das compras for mensal, multiplicado por 30, por exemplo). Se a empresa negocia com seus fornecedores, talvez consiga prazos maiores.
- **Prazo de estocagem:** corresponde ao estoque pela despesa relacionada com a mercadoria. Veja que este índice relaciona uma conta do Balanço (Estoque) com outra da Demonstração do Resultado (CMV). Nos dias atuais, com o desenvolvimento da logística, um prazo de estocagem muito alto pode ser um sinal de estoque parado na empresa.
- **Prazo de recebimento:** divide o total de dívidas que os clientes possuem com a empresa pela receita. Vender a prazo pode ser uma interessante estratégia de marketing. Mas quando o prazo aumenta muito, isto talvez seja uma falta de controle com os valores a receber dos clientes.

CAPÍTULO 9 | **COMO ANALISAR AS DEMONSTRAÇÕES CONTÁBEIS?** 169

Quadro 9.3 Indicadores operacionais

Indicador		Fórmula
Giro do ativo	=	Receita Líquida / Ativo Total
Liquidez corrente	=	Ativo Circulante / Passivo Circulante
Prazo de fornecedores	=	Fornecedores (média) / Compras × 30
Prazo de estocagem	=	Estoque (média) / CMV × 30
Prazo de recebimento	=	Clientes (média) / Receita líquida × 30

9.4.2 Indicadores de caixa

- **Fluxo sobre lucro:** corresponde à relação entre o caixa das atividades operacionais e o lucro líquido obtido pela empresa. Geralmente, estes valores estão entre 0,5 e 1,5. Quando existe uma grande divergência entre o valor do caixa e o do lucro, isto pode ser um sinal de problema. Pode até indicar problemas na contabilidade da empresa.

- **Fluxo sobre o ativo:** relaciona o caixa das operações com o total do ativo. Quando a empresa usa muito o ativo, o índice tende a crescer. Isto é bom. Outro índice, similar a este, é o passivo. Neste caso, mostra se o caixa gerado com as operações é suficiente para pagar as dívidas ou não. Se o valor for maior que a unidade, é suficiente.

Quadro 9.4 Indicadores de caixa

Indicador		Fórmula
Fluxo sobre lucro	=	Caixa das Operações / Lucro Líquido
Fluxo sobre ativo	=	Caixa das Operações / Ativo Total

9.4.3 Indicadores de retorno

- **Retorno sobre o ativo:** divide o lucro operacional pelo ativo. Quanto maior o valor, mais lucrativa, em termos operacionais, é a empresa.

- **Margem bruta:** relaciona o lucro bruto com as receitas. O resultado deve ser positivo. Veja que esse índice também seria obtido na análise vertical da demonstração do resultado. Em muitos casos é possível ter valores elevados. Mas a margem bruta depende, muitas vezes, da concorrência, entre outros fatores.

- **Margem operacional:** é a relação do lucro operacional com a receita. As observações que fizemos para o anterior também são válidas aqui.

- **Margem líquida:** corresponde ao lucro líquido pela receita. Se a empresa tiver prejuízo, o índice é negativo. Isto não é bom, geralmente.

- **Retorno dos acionistas:** dividimos o lucro líquido pelo patrimônio líquido da empresa. Temos, então, o retorno que a empresa está dando para seus acionistas, como o nome diz. Os acionistas ficam felizes quando este índice é elevado.

CONECTANDO TEORIA E PRÁTICA

Quando um índice relaciona uma conta do resultado com uma conta do Balanço Patrimonial, há diversas possibilidades de cálculo. Este é o caso do retorno sobre o ativo, que relaciona o lucro (conta de resultado) com o ativo (do balanço). Qual o ativo que devemos usar? Uma possibilidade é o ativo inicial, aquele que existia antes do início do exercício social. Outra é um ativo médio, dado pelo ativo inicial mais o ativo final, dividido por dois. Ou então, usar o ativo do final. O importante é manter a coerência dos índices: usando um tipo de cálculo para uma empresa ou um exercício, devemos usar para outra empresa ou outro exercício.

Quadro 9.5 Indicadores de retorno

Indicador		Fórmula
Retorno sobre ativo	=	Lucro Operacional / Ativo Total
Margem bruta	=	Lucro Bruto / Receita Líquida
Margem operacional	=	Lucro Operacional / Receita Líquida
Margem líquida	=	Lucro Líquido / Receita Líquida

9.4.4 Indicadores de endividamento

- **Composição do endividamento:** relaciona o passivo circulante ao passivo total. Ou seja, mostra a proporção das obrigações que são de curto prazo. Maiores riscos ocorrem em empresas com maiores valores para este índice.

- **Endividamento:** é obtido pela divisão do passivo pelo ativo. Ou seja, quanto do ativo foi financiado com capital de terceiros. A unidade menos este valor representa a participação do capital próprio. Se a dívida for barata, pode ser interessante ter um índice elevado. Mas tendo risco ou se os juros forem elevados, o índice deve ser, na medida do possível, menor.

- **Endividamento oneroso:** este é um índice similar ao anterior com uma diferença pequena: usamos somente os passivos com juros. Ou seja, os empréstimos e financiamentos, de curto e de longo prazo.

Quadro 9.6 Indicadores de endividamento

Indicador		Fórmula
Composição do endividamento	=	Passivo Circulante / Passivo Total
Endividamento	=	Passivo Total / Ativo Total
Endividamento oneroso	=	(Empréstimos + Financiamentos) / Ativo Total

9.4.5 Indicadores de viabilidade

Uma grande pergunta em qualquer análise é: a empresa é viável? E essa resposta não é simples. Mas existe um conjunto de sinais que podem ajudar. Alguns destes não correspondem a um índice, ou seja, não é uma divisão de um item sobre outro. Mesmo assim, podem realmente ajudar na análise.

- **Fluxo de caixa livre:** corresponde à soma do fluxo das atividades operacionais com o fluxo de investimento. No médio e longo prazo, esta soma deve ser positiva. Ou seja, a empresa deve gerar caixa com suas atividades operacionais que seja suficiente para fazer os investimentos necessários para continuar no negócio.

- **Lucro econômico:** corresponde ao lucro líquido menos a remuneração do investimento realizado pelos acionistas. Imagine que os acionistas colocaram R$ 800 de capital em uma empresa. Gostariam de receber 10% de retorno, ou seja, R$ 80, que é 10% x 800. O lucro do exercício tem que ser maior que este valor.

- **Fluxo de caixa das operações:** em uma empresa, no longo prazo, é necessário gerar lucro e também gerar caixa das operações.

Quadro 9.7 Indicadores de viabilidade

Indicador		Fórmula
Fluxo de caixa livre	=	Caixa das Operações + Caixa dos Investimentos
Lucro econômico	=	Lucro Líquido – Retorno dos Acionistas

PAUSA PARA REVISAR

Apresentamos uma grande quantidade de indicadores que podem ser usados para analisar uma empresa. Explique o que pretendemos com os índices operacionais, de endividamento, de viabilidade, caixa e retorno.

REVISANDO OS OBJETIVOS

1. Apresentar as principais informações requeridas para a análise

As pessoas, quando querem tomar decisões, coletam informações relevantes para obter as melhores escolhas. Da mesma forma, é feita a análise da situação econômico-financeira das empresas. Todas as informações podem ser utilizadas para melhorar a decisão, como aquelas disponíveis na imprensa, no site da empresa, ou os próprios

FUNDAMENTOS BÁSICOS DE CONTABILIDADE

relatórios que ela elabora, como o relatório de auditoria ou da administração. Mas analisar os números contábeis é bastante importante para checar se essas informações são realmente verdadeiras. Assim, as principais demonstrações contábeis utilizadas para a análise são: o Balanço Patrimonial, a DRE e a DFC.

2. Mostrar como fazer uma análise horizontal

Na análise horizontal, verificamos as variações de cada uma das contas das demonstrações contábeis de um ano (ou trimestre, ou mês) para o outro, para saber se há crescimento ou não. Assim, podemos analisar se essa variação é uma informação boa ou ruim. Por exemplo, saber que o caixa ou o lucro da empresa aumentou em 30% nos últimos dois anos é uma boa notícia, mas saber que o aumento foi no passivo ou prejuízo não seria comemorável.

3. Explicar como é realizada a análise vertical

Nessa análise, relaciona-se os valores de cada uma das contas apresentadas no Balanço com o total do ativo. E na DRE, cada uma das linhas da demonstração é relacionada com o total da receita líquida. Assim, é possível verificar qual o percentual de ativos de curto ou longo prazo ou mesmo de participação de capital de terceiros ou dos proprietários.

4. Identificar os principais indicadores de análise

Outra forma de se analisar as demonstrações contábeis é por meio de indicadores. A literatura da área apresenta diversas fórmulas com os mais diferentes objetivos. Em geral, os mais usuais podem ser divididos em quatro categorias: (1) das operações; (2) caixa; (3) rentabilidade; (4) endividamento; (5) viabilidade. Mais importante que aplicar a fórmula, é saber interpretar o seu resultado. Esse é o fator decisivo para uma boa análise das demonstrações contábeis.

CONSTRUINDO SEU DICIONÁRIO

_____ : apresenta a proporção das obrigações de curto prazo.

_____ : mostra quanto do ativo foi financiado com capital de terceiros.

_____ : indica quanto do ativo está sendo financiado com os empréstimos e financiamentos, de curto e de longo prazo.

_____ : em uma empresa, no longo prazo, é necessário gerar lucro e também caixa das operações.

CAPÍTULO 9 | **COMO ANALISAR AS DEMONSTRAÇÕES CONTÁBEIS?**

_____ 🖉: aponta que a empresa deve gerar caixa com suas atividades operacionais que seja suficiente para fazer os investimentos necessários para continuar no negócio.

_____ 🖉: mostra se o caixa gerado com as operações é suficiente para cobrir os ativos da empresa.

_____ 🖉: apresenta a capacidade da empresa em transformar lucro em caixa.

_____ 🖉: indica quanto de receita foi gerado com os ativos da empresa.

_____ 🖉: indica em que situação os ativos de curto prazo são capazes de cobrir as obrigações (passivo) de curto prazo.

_____ 🖉: corresponde ao retorno que os acionistas desejam obter a partir dos investimentos realizados (a remuneração que os acionistas desejam obter).

_____ 🖉: mostra o quanto que a empresa obtém de retorno comparando apenas o lucro bruto com as receitas.

_____ 🖉: corresponde ao lucro líquido pela receita. Se a empresa tiver prejuízo, o índice é negativo.

_____ 🖉: é a relação do lucro operacional (desconsiderando os valores das outras receitas) com a receita.

_____ 🖉: indica quanto tempo a empresa leva para vender seus produtos. Um prazo muito alto pode ser um sinal de estoque parado na empresa.

_____ 🖉: quanto mais a empresa negocia com seus fornecedores, mais ela consegue obter prazos maiores.

_____ 🖉: é o tempo que a empresa leva para o recebimento dos seus valores a receber dos clientes.

_____ 🖉: evidencia o retorno que a empresa está dando para seus acionistas.

_____ 🖉: mostra a capacidade da empresa em obter lucratividade com base em seus ativos operacionais. Pode indicar se os ativos estão ociosos (não gerando lucro).

QUESTÕES DE REVISÃO

1. A questão do número negativo pode ser um problema quando:
   a) Estivermos lidando com itens que podem assumir valores positivos ou negativos.
   b) Estivermos lidando com a análise horizontal.
   c) Estivermos calculando a análise vertical.
   d) Formos usar o índice do retorno do ativo.

2. A análise da evolução no tempo é feita pela:
   a) Análise da DFC.
   b) Análise de índices.
   c) Análise horizontal.
   d) Análise vertical.

3. Considere as receitas de uma empresa para os períodos t1 a t3: 400, 450, 460. Para fazer a análise horizontal, um analista dividiu as receitas da seguinte forma: 460/450 – 1 e 450/400 – 1. Neste caso, o analista está usando:
   a) Análise vertical.
   b) Base fixa.
   c) Base móvel.
   d) Inflação.

4. Corresponde à divisão do ativo circulante pelo passivo circulante:
   a) Giro do ativo.
   b) Liquidez corrente.
   c) Prazo de estocagem.
   d) Prazo de recebimento.

5. Mede a relação do lucro operacional pelo ativo de uma empresa:
   a) Fluxo sobre lucro.
   b) Fluxo sobre ativo.
   c) Giro do ativo.
   d) Retorno sobre ativo.

6. A relação entre o lucro operacional e a receita de uma empresa é denominada:
   a) Margem bruta.
   b) Margem líquida.
   c) Margem operacional.
   d) Retorno sobre o ativo.

7. Mede o quanto de retorno a empresa está dando para seus acionistas:
   a) Giro do ativo.
   b) Margem líquida.
   c) Retorno dos acionistas.
   d) Retorno sobre o ativo.

8. Quanto maior a composição do endividamento:
   a) Maior é o endividamento da empresa.
   b) Maior é o endividamento oneroso.
   c) Maior o volume de dívidas de curto prazo em relação ao total do passivo.
   d) Menor é o risco da empresa.

9. Um lucro econômico positivo significa que o _____ é maior que _____.
   a) lucro líquido – remuneração dos acionistas
   b) lucro operacional – lucro líquido
   c) lucro operacional – lucro bruto
   d) patrimônio líquido – passivo

EXERCÍCIOS

1. Considere o valor da receita e do CMV de uma empresa comercial

	Ano 1	Ano 2	Ano 3
Receita	800	750	740
CMV	400	320	330

Faça uma análise vertical e horizontal da empresa. Use a base fixa.

2. Suponha uma empresa com o seguinte Balanço Patrimonial:

BALANÇO PATRIMONIAL				
Ativo Circulante		240	Passivo Circulante	180
Caixa		40	Fornecedores	50
Clientes		120	Salários a Pagar	30
Estoques		80	Empréstimos	100
Ativo Não Circulante		1.000	Passivo Não Circulante	350
Terrenos		800	Empréstimos	350
Máquinas		200		
			Patrimônio Líquido	710
Total do Ativo		1.240	Total do Passivo + PL	1.240

Faça a análise vertical da empresa.

3. Considere a empresa do exercício anterior. Suponha uma receita de R$ 3.000 e lucro operacional de R$ 500. Calcule os seguintes índices: giro do ativo, liquidez corrente, retorno sobre o ativo, margem operacional, composição do endividamento, endividamento e endividamento oneroso.

4. Suponha que a empresa do exercício 2 apresentou o seguinte fluxo de caixa:

Lucro Líquido	490
Variação de Salários a Pagar	10
Despesa de Depreciação	200
FC Atividades Operacionais	700
FC Atividades de Investimento	-300
FC Atividades de Financiamento	-180

Determine: fluxo sobre lucro, fluxo sobre ativo, retorno dos acionistas e fluxo de caixa livre.

5. O prazo de fornecedores de uma empresa é de 25 dias. O prazo de estocagem é de 15 dias. Mas o prazo de recebimento é de 100 dias. Faça uma análise dos prazos. O que deve estar afetando a necessidade de recursos da empresa para a atividade de giro?

6. Eis a demonstração da empresa que você estudou no Capítulo Capítulo 6 (Figura 6.9).

BALANÇO PATRIMONIAL			
Ativo Circulante	1.450	Passivo Circulante	2.500
Caixa e Equivalentes	100		
Recebíveis	300		
Estoques	800		
Despesas Antecipadas	250		
Ativo Não Circulante	34.550	Passivo Não Circulante	3.500
Recebíveis a Longo Prazo	2.100	Patrimônio Líquido	30.000
Investimentos	1.950		
Imobilizado	24.000		
Intangível	6.500		
Total do Ativo	36.000	Total do Passivo + PL	36.000

Analise as margens desta empresa e determine-as.

CAPÍTULO 1

CONSTRUINDO SEU DICIONÁRIO

Aplicações de recursos – Ativo – Auditores – Balanço Patrimonial – Contabilidade - Contabilidade financeira - Contabilidade gerencial - Contadores de custos - Contadores tributaristas - *Controllers* - Equação contábil básica - Origem de recursos – Passivo – Patrimônio - Patrimônio líquido – Peritos - Usuários externos - Usuários internos

QUESTÕES DE REVISÃO

1. a   **2.** d   **3.** b   **4.** d   **5.** d   **6.** b   **7.** c   **8.** a   **9.** d   **10.** d.   **11.** d

EXERCÍCIOS

1. a) F   **b)** G   **c)** F   **d)** G   **e)** G   **f)** F

2. a) I   **b)** G   **c)** F   **d)** IF   **e)** A   **f)** E   **g)** C

3. a) A   **b)** A   **c)** PL   **d)** P   **e)** A   **f)** PL   **g)** A   **h)** A   **i)** P   **j)** A

4. a) R$ 500   **b)** R$ 80.000   **c)** R$ 38.400   **d)** (R$ 40.000)

5. a) R$ 10.000   **b)** R$ 80.000   **c)** R$ 48.000   **d)** R$ 22.000

6. a) R$ 33.000   **b)** R$ 8.000   **c)** R$ 25.000

7. a) A = 100.000 e PL = 100.000   **b)** A = 130.000; P = 30.000 e PL = 100.000
c) A = 130.000; P = 30.000 e PL = 100.000   **d)** A = 127.000; P = 27.000 e PL = 100.000
e) A = 140.000; P = 40.000 e PL = 100.000   **f)** A = 145.000; P = 45.000 e PL = 100.000

8. a) 5   **b)** 2   **c)** 1   **d)** 4   **e)** 3

CAPÍTULO 2

CONSTRUINDO SEU DICIONÁRIO

Automação - Capacidade de verificação – Características fundamentais - Características de melhoria - Comissão de Valores Mobiliários (CVM) - Comitê de Pronunciamentos Contábeis (CPC) – Comparabilidade - Complexidade das transações – Compreensividade - Conselho Federal de Contabilidade (CFC) – Convergência - Empresa individual de

FUNDAMENTOS BÁSICOS DE CONTABILIDADE

responsabilidade limitada (Eireli) – International Accounting Standard Board (IASB) – Pessoa física – Pessoa jurídica – Primeiro setor – Relevância – Representação fidedigna – Restrição ao custo – Secretaria do Tesouro Nacional (STN) – Segundo setor – Sociedade limitada – Tempestividade – Terceiro setor

QUESTÕES DE REVISÃO

1. c   **2.** b   **3.** d   **4.** d   **5.** a   **6.** b

7. a   **8.** d   **9.** c   **10.** b   **11.** b   **12.** d

EXERCÍCIOS

1. a) 5   **b)** 3   **c)** 2   **d)** 4   **e)** 1

2. a) SS **b)** TS   **c)** PS   **d)** TS   **e)** SS   **f)** PS

3. a) fidedigna   **b)** relevante   **c)** capacidade de verificação   **d)** comparável
   e) neutra   **f)** tempestiva   **g)** compreensível

CAPÍTULO 3

CONSTRUINDO SEU DICIONÁRIO

Atos administrativos – Balancete de verificação – Contas – Contas patrimoniais – Contas de resultado – Fatos contábeis – Fatos mistos – Fatos modificativos – Fatos permutativos – Lançamento complementar – Lançamento retificador – Livro caixa – Livro diário – Livro razão – Método das partidas dobradas – Partida simples – Plano de Contas – Razonete

QUESTÕES DE REVISÃO

1. b   **2.** a   **3.** a   **4.** b   **5.** c   **6.** a

7. b   **8.** c   **9.** d   **10.** b   **11.** b

EXERCÍCIOS

1. a) D/P   **b)** D/P   **c)** D/R   **d)** C/P   **e)** C/P   **f)** D/P   **g)** C/R   **h)** C/P
   i) D/P   **j)** D/P   **k)** C/P   **l)** D/R   **m)** C/R   **n)** D/P   **o)** D/R

2. a) FC   **b)** FC   **c)** AA   **d)** FC   **e)** AA   **f)** AA

3. a) P   **b)** MO   **c)** MI   **d)** P   **e)** MO   **f)** MI

4. a) D: Materiais de Escritório; C: Fornecedores R$ 300
   b) D: Despesas com Seguros; C: Caixa R$ 700
   c) D: Contas a Pagar; C: Caixa R$ 2.000
   d) D: Terrenos; C: Financiamentos Bancários R$ 160.000
   e) D: Despesa Antecipada de Aluguel; C: Caixa R$ 1.000
   f) D: Clientes; C: Receita de Serviços R$ 1.200

5. Material de Consumo, Terrenos e Prejuízos Acumulados – devedor; Empréstimos e Capital – credor

6. a) Integralização do capital social com depósito em conta corrente, R$ 40.000;
b) Aquisição de terrenos com financiamento, de R$ 20.000;
c) Pagou aluguel do mês com cheque, de R$ 5.000;
d) Recebeu com cheque por serviços prestados, R$ 1.200;
e) Comprou estoques no valor de R$ 13.000, a prazo;
f) Clientes transferiram antecipadamente, por serviços que serão prestados no futuro, de R$ 10.000.

7. b) Caixa: R$ 14.300; Clientes: R$ 4.200; Materiais de Escritório: R$ 450;
Máquinas: R$ 3.000; Contas a Pagar: R$ 4.500; Fornecedores: R$ 450;
Capital Social: R$ 15.000; Receita de Serviços: R$ 3.200; Despesa de Salários: R$ 1.200
c) Lucro Líquido: R$ 2.000

CAPÍTULO 4

CONSTRUINDO SEU DICIONÁRIO

Ajustes – Depreciação - Despesas a pagar - Despesas antecipadas - Fato gerador - Receitas a receber - Receitas antecipadas - Regime de caixa - Regime de competência

QUESTÕES DE REVISÃO

1. b   **2.** d   **3.** b   **4.** a   **5.** d   **6.** c   **7.** b   **8.** a   **9.** c   **10.** c   **11.** d

EXERCÍCIOS

1. R$ 790

2. R$ 60.000

3. a) R$ 12.000 **b)** 0

4. a) R$ 0   **b)** R$ 4.000

5. (1) D: Despesa de Seguros – R$ 600; C: Seguros Antecipados – R$ 600
(2) D: Despesa de Depreciação – R$ 1.700; C – Depreciação Acumulada – R$ 1.700
(3) D: Despesas Gerais – R$ 1.200; C: Contas a Pagar – R$ 1.200
(4) D: Despesas de Salários – R$ 2.500; C: Salários a Pagar – R$ 2.500

6. (1) D: Despesa de Materiais – R$ 2.900; C: Materiais de Escritório – R$ 2.900
(2) D: Despesa de Aluguel – R$ 8.000; C – Aluguéis Antecipados – R$ 8.000
(3) D: Receita de Serviços – R$ 6.300; C: Receitas Antecipadas – R$ 6.300
(4) D: Despesas de Juros – R$ 2.500; C: Empréstimos Bancários – R$ 2.500

7. e) 1. R$ 53.800; 2. R$ 50.800; 3. R$ 6.700; 4. R$ 44.100; 5. Prejuízo líquido: R$ 500

8. b) Débitos e créditos: R$ 158.650;
d) Ativo: R$ 126.300; Passivo: R$ 41.200; PL: R$ 68.350; Lucro: R$ 8.350.

CAPÍTULO 5

CONSTRUINDO SEU DICIONÁRIO

Abatimentos – Contabilidade de custos – Custo das mercadorias vendidas (CMV) – Desconto comercial – Desconto financeiro – Devolução – Fretes e seguros – Inventário periódico – Inventário permanente – Lucro bruto – Matéria-prima – Média – PEPS (Primeiro a entrar, primeiro a sair) – Preço específico – Produtos acabados – Produtos em elaboração – Receita bruta – Receita líquida – UEPS (Último a entrar, primeiro a sair) – Valor realizável líquido

QUESTÕES DE REVISÃO

1. c   **2.** a   **3.** d   **4.** a   **5.** d   **6.** c
7. b   **8.** c   **9.** d   **10.** a   **11.** c   **12.** a

EXERCÍCIOS

1. a) R$ 23.000 **b)** R$ 16.000   **c)** R$ 38.000   **d)** R$ 36.000

2. a) PEPS: CMV – R$ 1.196,00; EF – R$ 264,00
  b) UEPS: CMV – R$ 1.234,50; EF – R$ 225,50
  c) Média: CMV – R$ 1.212,54; EF – R$ 247,46

3. a) PEPS: CMV – R$189.800; EF: R$ 97.600
  b) UEPS: CMV – R$194.600; EF: R$ 92.800
  c) Média: CMV – R$191.600; EF: R$ 95.800

CAPÍTULO 6

CONSTRUINDO SEU DICIONÁRIO

Demonstração das Mutações do Patrimônio Líquido – Despesas com vendas – Despesas administrativas – Debêntures – Dividendos – Outras receitas ou despesas operacionais – Partes Beneficiárias – Reservas de Lucros

QUESTÕES DE REVISÃO

1. a   **2.** a   **3.** c   **4.** d   **5.** b   **6.** b   **7.** b   **8.** a   **9.** a   **10.** d   **11.** b

EXERCÍCIOS

1. R – P – R – P – P – P – R
2. R$ 1.640
3. R$ 220 e R$ 40
4. R$ 2.720
5. R$ 8.000
6. R$ 2.850

7. R$ 190

8. Sim, reduzir para R$ 10.

CAPÍTULO 7

CONSTRUINDO SEU DICIONÁRIO

Assembleia dos acionistas – Ativo – Ativo circulante – Ativo não circulante –
Ciclo operacional – Conselho de Administração – Conselho fiscal – Comitê de auditoria –
Equivalentes de caixa – Exigibilidade – Liquidez – Passivo – Passivo circulante –
Passivo não circulante – Patrimônio líquido

QUESTÕES DE REVISÃO

1. d   **2.** b   **3.** d   **4.** c   **5.** c   **6.** c   **7.** a   **8.** d

EXERCÍCIOS

1. Pedro.

2. André; Marcos; Pedro

3. R$ 15.

4. Aumento no ativo não circulante "computadores", proporcional ao aumento de financiamento de longo prazo da empresa.

5. Resposta individual.

6. Sim, trata-se de uma obrigação que representará uma saída de caixa da empresa no futuro.

CAPÍTULO 8

CONSTRUINDO SEU DICIONÁRIO

Balanço Social – Demonstração das Mutações do Patrimônio Líquido (DMPL) –
Demonstração do Valor Adicionado (DVA) – Demonstração dos Fluxos de Caixa (DFC) –
Notas Explicativas – Relatório da Administração – Relatório dos Auditores Independentes

QUESTÕES DE REVISÃO

1. b   **2.** d   **3.** a   **4.** d   **5.** c   **6.** b   **7.** a   **8.** d

EXERCÍCIOS

1. R$ 160, positivo

2. R$ 59 mil

3. R$ 1.200, positivo

4. R$ 2.600

5. R$ 30

6. R$ 410

CAPÍTULO 9

CONSTRUINDO SEU DICIONÁRIO

Composição do endividamento – Endividamento – Endividamento oneroso –
Fluxo de caixa das operações – Fluxo de caixa livre – Fluxo sobre ativo –
Fluxo sobre lucro – Giro do ativo – Liquidez corrente – Lucro econômico –
Margem bruta – Margem líquida – Margem operacional – Prazo de estocagem –
Prazo de fornecedores – Prazo de recebimento – Retorno dos acionistas –
Retorno sobre ativo

QUESTÕES DE REVISÃO

1. a   **2.** c   **3.** c   **4.** b   **5.** d   **6.** c   **7.** c   **8.** c   **9.** a

EXERCÍCIOS

1. Receita = 93,75 e 92,5 / CMV = 80 e 82,5.

2. Na ordem, começando com Caixa: 3,22 // Clientes: 9,67 // Estoque: 6,45 //
AC: 19,35 // Terrenos: 64,52 // Máquinas: 16,13 // ANC: 80,65.
Do lado direito, começando por Fornecedores: 4,03 // Salários a Pagar: 2,42 //
Empréstimos: 8,06 // PC: 14,51 // Empréstimos LP: 28,23 // PNC: 28,23 // PL: 57,26

3. Giro do ativo: 2,42; Liquidez corrente = 1,33; retorno sobre ativo = 40,32%;
margem operacional = 16,67%; composição do endividamento = 34%;
endividamento = 43%; endividamento oneroso = 36%.

4. Fluxo sobre lucro = 1,43; fluxo sobre ativo = 56,45%; retorno = 69%; FCL = 400

5. É importante aqui destacar o excessivo prazo de recebimento. Isto aumentará a
necessidade de capital de giro.

6. Margem bruta = 45%; margem operacional = 16%; margem líquida = 8,36%.

REFERÊNCIAS

Para aprofundar seu conhecimento sobre a história da contabilidade:

GLEESON-WHITE, J. *Doubly entry:* how the merchants of Venice created modern finance. Nova York: W.W. Norton & Company, 2012.

NIYAMA, J. K.; SILVA, C. A. T. *Teoria da contabilidade*. 3. ed. São Paulo: Atlas, 2013.

SCHMIDT, P. *História do pensamento contábil*. Porto Alegre: Bookman, 2004.

SOLL, J. *The reckoning*: financial accountability and the rise and fall of nations. Nova York: Basic Books, 2014.

Para aprofundar seu conhecimento em legislação:

GELBCKE, E. R.; SANTOS, A.; IUDÍCIBUS, S.; MARTINS, E. *Manual de contabilidade societária*: aplicável a todas as sociedades. 3. ed. São Paulo: Atlas, 2018.

SILVA; C. A. T.; RODRIGUES, F. F. *Curso prático de contabilidade*: analítico e didático. 2. ed. São Paulo: Atlas, 2018.

Para aprofundar seu conhecimento em utilização da informação contábil para fins de tomada de decisão:

GARRISON, R. H.; NOREEN, E. W.; BREWER, P. C. *Contabilidade gerencial*. 14. ed. Porto Alegre: Bookman, 2012.

MARTINS, E. *Contabilidade de custos*. 11. ed. São Paulo: Atlas, 2018.

_____; ROCHA, W. *Contabilidade de custos*: livro de exercícios. 11. ed. São Paulo: Atlas, 2015.

ANOTAÇÕES